公共图书馆亲子阅读活动的创新模式研究

GONGGONG TUSHUGUAN QINZI YUEDU
HUODONG DE CHUANGXIN MOSHI YANJIU

刘志芳 / 著

云南大学出版社
YUNNAN UNIVERSITY PRESS

图书在版编目（CIP）数据

公共图书馆亲子阅读活动的创新模式研究 / 刘志芳著. —昆明：云南大学出版社，2022
ISBN 978-7-5482-4654-1

Ⅰ.①公… Ⅱ.①刘… Ⅲ.①公共图书馆—读者服务—研究②亲子教育—阅读辅导—读书活动—研究 Ⅳ.①G258.2②G252.17

中国版本图书馆CIP数据核字(2022)第074489号

策划编辑：陈　曦
责任编辑：石　可
封面设计：刘　雨

公共图书馆亲子阅读活动的创新模式研究

GONGGONG TUSHUGUAN QINZI YUEDU
HUODONG DE CHUANGXIN MOSHI YANJIU

刘志芳 / 著

出版发行：云南大学出版社
印　　装：昆明理煋印务有限公司
开　　本：787mm×1092mm　1/16
印　　张：13.25
字　　数：209千
版　　次：2022年6月第1版
印　　次：2022年6月第1次印刷
书　　号：ISBN 978-7-5482-4654-1
定　　价：48.00元

社　　址：云南省昆明市一二一大街182号（云南大学东陆校区英华园内）
邮　　编：650091
电　　话：（0871）65031070　65033244　65031071
网　　址：http://www.ynup.com
E-mail：market@ynup.com

若发现本书有印装质量问题，请与印厂联系调换，联系电话：0871-64167045。

序

中华先哲有言曰："不登峻岭，何知天高；不履深渊，罔识地厚；不读圣经贤传，莫明事物之理。"读书对于人生的重要性，先哲自古便有精辟论述。"粗缯大布裹生涯，腹有诗书气自华。"时至今日，人们已普遍有了一个共识：一个爱读书的民族，才是有希望的民族！而读书从孩子抓起，更是一个民族最为智慧的抉择。

《公共图书馆亲子阅读活动的创新模式研究》一书是刘志芳在总结其牵头开展了7年的"21天亲子阅读"活动实践案例的基础上撰写的一部关于亲子阅读活动的理论著作。"21天亲子阅读"活动，是在全省乃至全国都获誉颇多的亲子阅读品牌活动，其间，活动经历了起起伏伏、酸甜苦辣，经过不断努力与探索，找到了一条家庭亲子阅读的正确之路，创新探索出了家庭亲子阅读活动的"昆明模式"。

该书依托于"21天亲子阅读"活动案例，从活动内容、发展历程、成效结果、数据分析、深度访谈、问卷调查、价值挖掘以及活动影响力等多个维度开展深度剖析，结合国内外亲子阅读活动发展现状进行分析研究，在总结实践经验的基础上，形成理论成果，从而为云南及周边地区乃至全国公共图书馆或相关阅读机构开展家庭亲子阅读活动提供了一定的参考与借鉴。目前国内亲子阅读活动得到了家庭与社会的较大重视，但亲子阅读活动理论研究仍远远落后于实践的发展。该书的撰写出版填补了公共图书馆阅读推广模式研究中亲子阅读活动模式研究的空白。该书大量活动内容以及案例的介绍让读者阅之有味，亦可增长知识，同行更可从中获得有益借鉴，实属一部实践与理论相结合的佳作。

"全民阅读"连续9次写入政府工作报告，如何从"倡导"到"深入推进"，昆明市的"21天亲子阅读"活动从实践层面进行了很好的诠释。该活动从236

个家庭发展到 10381 个家庭的参与，覆盖的人群超过了 10 万。活动带来的深远影响远远超过活动本身。以儿童的阅读带动家庭的阅读，以一个家庭的阅读带动更多家庭参与阅读。从我身边不少家庭都参与过"21 天亲子阅读"活动并且有着较好评价可以看出，该项活动的覆盖率及影响力在昆明市"深入推进"全民阅读具体实践方面功不可没。

图书馆的服务归根到底是一种有温度、有力量的服务，图书馆既能启迪智慧、抚慰心灵，更是灵魂与情感的栖息地。从刘志芳副研究馆员的这一力作中可以感受到昆明市公共图书馆人的使命担当与文化情怀。一个看似简单的亲子阅读活动，播下的是一颗颗种子，收获的是一份份希望，温暖的却是一座座城市，这就是图书馆人的使命与情怀。人类从未停止求知与探索的脚步，图书馆事业也将随之不断发展，愿昆明市公共图书馆的同仁们不忘初心，砥砺前行，为昆明市的图书馆事业再创更大的辉煌。

刘志芳副研究馆员是云南大学 1987 年设置的图书馆学专业培养出来的第一批毕业生。毕业至今 30 余年来，一直坚守在公共图书馆领域，为昆明市公共图书馆事业的发展贡献了自己的所学、所思、所悟。作为昆明市公共图书馆总分馆体系区域中心馆的业务副馆长，她身体力行并亲眼见证了昆明市公共图书馆事业从蹒跚起步到蓬勃发展，见证了昆明市现代公共文化服务体系的建立且不断完善，见证了昆明市"第四批国家公共文化服务体系示范区"的成功创建与不断发展，同时也做出了自己的最大贡献，对此，我倍感欣慰。是为序。

2022 年 5 月 10 日

目 录

第一章 研究背景与研究设计 ……………………………………………… 1

 第一节 研究意义与研究背景 …………………………………………… 2
  一、研究意义 …………………………………………………………… 2
  二、研究背景 …………………………………………………………… 3
 第二节 研究方法 ………………………………………………………… 14
  一、文献调研法 ………………………………………………………… 14
  二、案例分析法 ………………………………………………………… 14
  三、深度访谈法 ………………………………………………………… 15
  四、问卷调查法 ………………………………………………………… 15
 本章参考文献 ……………………………………………………………… 15

第二章 国内外公共图书馆亲子阅读活动现状 ………………………… 17

 第一节 国外亲子阅读活动现状 ………………………………………… 17
  一、国外亲子阅读活动形式 …………………………………………… 17
  二、国外亲子阅读活动目的 …………………………………………… 18
  三、欧美国家亲子阅读活动实践 ……………………………………… 18
  四、亚洲国家亲子阅读活动实践 ……………………………………… 21
  五、国外亲子阅读活动现状评述 ……………………………………… 23
 第二节 国内公共图书馆亲子阅读活动现状 …………………………… 25
  一、国内亲子阅读活动形式 …………………………………………… 25
  二、部分公共图书馆亲子阅读活动实践 ……………………………… 26
  三、国内公共图书馆亲子阅读活动现状评述 ………………………… 29

本章参考文献 ································· 30

第三章　公共图书馆亲子阅读活动的昆明模式 ············ 32
第一节　昆明市公共图书馆"21天亲子阅读"活动概述 ······· 32
　　一、亲子阅读活动的有关概念 ······················ 32
　　二、活动内涵 ································ 33
　　三、亮点特色 ································ 40
第二节　昆明市"21天亲子阅读"活动发展现状 ··············· 101
　　一、从单纯的陪伴阅读到亲子共读 ··················· 101
　　二、从简单的绘本阅读到广泛的图书推荐 ··············· 103
　　三、从小范围的家庭组织到规模影响扩大 ··············· 105
　　四、从图书馆自发开展到多机构联合推动 ··············· 105
　　本章参考文献 ································· 109

第四章　公共图书馆亲子阅读活动昆明模式的创新维度 ········ 110
第一节　制度保障 ································· 110
　　一、顶层设计搭建平台 ··························· 110
　　二、持续稳定的财政投入 ·························· 112
　　三、发挥品牌效应，提升亲子阅读整体合力 ············· 112
第二节　组织建制 ································· 113
　　一、市图书馆项目责任制 ·························· 115
　　二、县级图书馆项目责任制 ························ 115
第三节　开放合作 ································· 116
　　一、馆校合作 ································· 117
　　二、社会化合作 ································ 121
第四节　利益均衡 ································· 132
　　一、公益性原则 ································ 132
　　二、契约原则 ································· 133

三、合作共赢原则 ·· 135
第五节　宣传评价 ·· 135
　　一、媒体宣传评价 ·· 136
　　二、参与者宣传评价 ··· 136
　　三、合作机构宣传评价 ··· 137
　　四、阅读推广人宣传评价 ·· 138
第六节　价值挖掘 ·· 138
　　一、促进亲子阅读回归儿童本位 ··· 138
　　二、重视儿童阅读的输出 ·· 140
　　三、提升活动吸引力，持续保持阅读积极性 ······································ 142
　　四、培养图书馆素养，提高国民文化素质 ··· 143
　　五、推动科学家教理念传播 ·· 144
　　六、推进和谐家庭建设 ··· 145
　　七、文旅融合创新发展 ··· 147
　　八、以文化的力量助推社会治理 ··· 149
第七节　"21天亲子阅读"活动存在的问题及原因分析 ······························ 152
　　一、荐读书籍质量不稳定，图书供给不到位 ····································· 152
　　二、社会化程度不高，专业性不强 ··· 154
　　三、活动阶段性开展，缺乏贯穿全年的延续性 ································· 154
　　四、评选机制不健全，欠缺科学性、权威性 ····································· 156
本章参考文献 ··· 157

第五章　公共图书馆亲子阅读活动的展望与设想 ·· 159
第一节　将亲子阅读列入国家文化及教育发展战略 ······························· 159
　　一、进一步加强完善亲子阅读立法 ··· 160
　　二、构建亲子阅读保障体系 ·· 160
第二节　加大社会参与力度，培育社会参与能力 ··································· 161
第三节　加强跨区域合作，提高阅读社交化的水平 ······························· 162

第四节 开发老年人社会价值，发挥老年人余热作用 ……………… 163
第五节 "双减"政策下推动"亲子阅读"高质量发展 ……………… 164
本章参考文献 ……………………………………………………………… 165

结 语 ……………………………………………………………………… 167
一、研究局限 ……………………………………………………………… 167
二、研究展望 ……………………………………………………………… 168

附 录 ……………………………………………………………………… 169
附录一 播撒阅读的种子
——昆明市2019年春城文化节"21天亲子阅读"活动（官渡区）
阅读分享暨颁奖仪式顺利举办 ……………………………… 169
附录二 2018年"21天亲子阅读"活动第8天领读者——杨敏领读记录
………………………………………………………………………… 171
附录三 2021年"21天亲子阅读"活动调研问卷 ………………… 177
附录四 2021年"21天亲子阅读"读者访谈提纲 ………………… 182
附录五 2021年"21天亲子阅读"专家访谈提纲 ………………… 184
附录六 阅读互动感言 ……………………………………………… 185

后 记 ……………………………………………………………………… 198

第一章 研究背景与研究设计

随着信息时代、经济全球化的到来,人的竞争压力越来越大,一个会学习的人能够迅速吸收先进知识,在未来的信息社会中更具竞争力。而吸收知识的前提就是要学会阅读。在社会和经济迅速发展的今天,人的阅读能力是一个人终身学习、发展的基础能力,具有较高价值。对个人来说,清华附小的窦桂梅校长曾经说过一句话:"孩子学习的所有学科,最终考验的都是阅读水平。"于国家民族而言,著名教育专家朱永新教授认为:"一个人的精神发源史就是他的阅读史,一个民族的精神境界取决于这个民族的阅读水平。"阅读决定着一个民族思维的深度和广度,对文化传承、国家发展有着重要的意义。

在人类各阶段的阅读中,早期阅读显得尤为重要。美国心理学家刘易斯·推孟在天才发生学的研究成果中指出:有42%的天才男童和46%的天才女童是在5岁前开始阅读的。早在20世纪80年代,世界上一些发达国家就已把儿童智能发展的重点转移到阅读能力的培养上来。研究表明,3~8岁是人的阅读能力发展的关键期,在这个时期,儿童需要养成阅读的习惯,形成自主阅读的能力。而这个时期儿童还未接受正规的学校阅读训练,阅读主要来自父母及家庭的影响,而亲子阅读就是让儿童与父母共同分享读书的乐趣,通过有效、轻松的教育,培养儿童的阅读兴趣和阅读能力,让儿童尽快从依赖阅读过渡到自主阅读。1994年,由联合国教科文组织颁布的《公共图书馆宣言》指出,公共图书馆应承担"养成并强化儿童早期的阅读习惯、激发儿童的想象力和创造力"等使命[1]。因此,如何通过亲子阅读活动指导家长利用科学、有效的阅读方法,帮助儿童对阅读形成清晰、正确的认识,通过亲子阅读活动改善儿童阅读现状、提高阅读能力,是我国公共图书馆应该进行研究的重要课题。

第一节 研究意义与研究背景

本书的研究是基于目前国内公众对亲子阅读活动认可度逐步提高，国内亲子阅读活动实践已普遍开展，但亲子阅读活动理论研究仍落后于实践的发展而进行的。本研究依托昆明市公共图书馆持续开展 7 年的"21 天亲子阅读"活动实践案例进行精简，研究入口虽小，但结合长期持续开展的实践案例进行分析，而非空泛进行理论探讨，理论研究的素材来自具体实践经验的总结。通过对具体案例进行深度剖析，依据活动内容、发展历程、成效结果、数据分析、深度访谈、问卷调查、活动影响力等多维度的分析研究，力图总结实践经验，形成理论成果，从而为我国亲子阅读活动提供一定的参考，具有从实践提升理论，以理论指导实践的作用。

一、研究意义

（一）理论意义

本研究以公共图书馆家庭亲子阅读活动为研究对象，针对儿童这类特殊群体的阅读推广模式进行专题研究，形成有推广借鉴价值的亲子阅读模式。从理论层面丰富和完善了公共图书馆在全民阅读理论中有关儿童阅读，特别是亲子阅读的理论体系，揭示了亲子阅读存在的问题，探寻了亲子阅读活动的规律，填补了公共图书馆阅读推广模式研究中亲子阅读活动模式研究的空白；同时丰富了幼儿教育体系、家庭教育体系、儿童心理学体系、教育学体系、国家文化治理体系的内涵。

（二）实践意义

本研究本着分析具体案例，解决实际问题的目的，通过对昆明市公共图书馆"21 天亲子阅读"活动案例的具体分析以及深入研究，从多个维度深度揭示活动的价值，分析活动的不足及其原因，并且提出建设性对策建议，为我国西部地区图书馆甚至国内发达地区图书馆今后开展有效的亲子阅读活动提供一定的案例参考与借鉴,推动更为规范、高效、可持续发展的亲子阅读活动的开展。

二、研究背景

(一)全民阅读的兴起

全民阅读的发展历史最早可追溯到 1995 年。1995 年,联合国教科文组织宣布 4 月 23 日为"世界读书日",旨在提升阅读地位,让政府和公众将阅读作为知识传播、表达思想和信息交换的重要手段。这一举措不仅展现了全人类对阅读的尊重,还能不断推动和鼓励人们热爱阅读。自此以后,全世界许多国家都不断积极响应号召,陆续加入到了不断推广和发展全民阅读活动的队伍中。全民阅读活动发展演变至今,已经有上百个国家和地区积极投身到全民阅读的推广事业中。

各国越来越重视全民阅读的推广,开展了各个层级的理论研究,制定和实施了各项相关政策,广泛开展活动,寻找全民阅读的最优实现路径,并取得了十分显著的提升效果。"阅读"不是全民阅读的唯一重点,"全民"才是各项活动开展的重要目标。这里的"全民"不仅包含地理范围,也包含了时间范围;全民阅读不仅致力于保障所有公民应享有的阅读权利,倡导实现人人都能阅读、人人爱阅读的目标,而且鼓励人人养成终身阅读的行为习惯。

作为一种文化活动,阅读对于个人来说,不仅可以增加知识,拓宽视野,而且还可以提高素质,净化心灵。对于国家和民族来说,读书可以增强国家和民族的力量和根基。这也是在世界范围内,阅读受到各国领导人的高度重视,一些国家甚至颁布相关法律,大力倡导和鼓励全民阅读的原因所在。

2006 年,中宣部联合全国文明办、原新闻出版总署等 11 个部门,共同发布倡议书,向全国倡议开展全民阅读活动。这是首次由中央发起的全民阅读活动,我国的全民阅读由此步入常态化的发展阶段。自 2014 年开始,"全民阅读"每年都被写入国务院《政府工作报告》,足以看出我国对于全民阅读的高度重视。目前,我国的阅读推广活动逐渐增多,规模越来越大,活动形式也越来越多样化。随之而来,我国成年人年平均阅读量有了十分显著的增长,第十八次全国国民阅读调查显示,2020 年我国成年国民人均纸质图书阅读量为 4.70 本,高于 2019 年的 4.65 本；0~17 周岁未成年人的人均图书阅读量为 10.71 本，比 2019 年的 10.36 本增加了 0.35 本。从这组数字可以看出，未成年人的图书阅读量远高于成年人的阅读量，而且正持续增加。但放在全世界范围来看，与以色列年人均阅读量 60 本，日本年人均阅读量 40 本，甚至韩国年人均阅读量 11 本相比，还存在较大的差距，处于较低的水平，仍需不断提高。为此，作为促进全民阅读主力军的公共图书馆应充分发挥自身资源优势，创新服务模式，引导公众养成良好的阅读习惯，营造良好的全民阅读氛围，全力促进全民阅读的发展。

1. 全民阅读氛围的形成与特点

全民阅读是指全体国民通过各种方式参与到阅读中来，让阅读成为人们生活的一部分，形成良好的社会阅读氛围。全民阅读氛围的形成是建设学习型社会的基础，也是提高全民素质的必要条件。

（1）全民阅读的特点

顾名思义全民阅读就是针对全体国民开展的阅读活动。因此，全民阅读首先应具有普惠性特点，让每个国民享受到普遍均等的阅读服务。政府通过开展广泛的全民阅读推广来降低国民参与阅读的门槛，改善国民的阅读条件，缩小国民获得阅读资源的差距，进而保证每个国民享受阅读服务的平等权利。其次，全民阅读应具有让每个国民掌握最基本的阅读技能的特点，阅读技能和阅读方法是开展有效阅读的基础，政府组织开展全民阅读活动，是提高国民阅读能力的重要途径，大力推广全民阅读活动，是提升国民阅读水平和阅读质量的必由之路。

（2）阅读机构的促进作用

21 世纪人类社会步入知识经济时代，更加凸显了当今社会知识的重要性。读者不仅渴望获得更多的阅读资源，还期望利用互联网获取更多的数字信息，进而提高自身的专业技能，满足自身学习、工作和生活的需要。随着国内全民阅读活动的广泛开展，阅读已经成为越来越多社会公众生活的一部分，阅读的渠道得到了较大拓展，阅读环境得到较大的改善，阅读的氛围得到了较大的提升。图书馆作为最传统的阅读促进机构，是国家建立的公益性的全民阅读推广机构，是发展和宣传全民阅读的主力军；而出版社和书店等企业，或是社会阅读公益团体组织进行全民阅读宣传，是全民阅读推广的有力补充。这些全民阅读促进机构不是完全独立的，而是相互合作、相互促进，共同向全社会进行着全民阅读的推广。[2]

(3) 构建全民阅读整体生态格局

根据2020年我国成年国民阅读率统计结果（图1-1），2020年我国成年国民综合阅读率达到81.3%，较2019年增长0.2个百分点，成年国民年人均纸质图书阅读量达4.70本，高于2019年的4.65本。但与以色列年人均阅读60本，日本年人均阅读40本，法国年人均阅读20本相比，仍有较大差距。它不仅与人们当前生活节奏过快、缺少阅读时间有关，与逐渐增多的休闲和娱乐方式也密不可分，再加之缺乏引导、阅读的书籍质量不高等等，这些因素都在很大程度上导致我国国民很难产生主动阅读意愿。针对这一突出问题，我国不断加大倡导和推广全民阅读的力度，旨在逐步构建以国家为主体、各重点文化区域和社会各界人士共同参与的全民阅读整体生态格局。

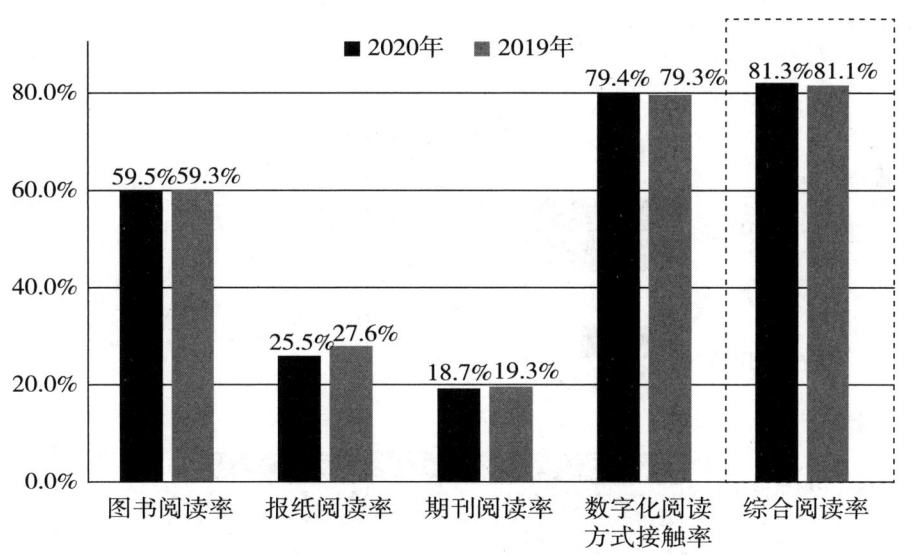

图1-1 2019、2020年我国成年国民阅读率

2020年最新公布的第18次全国国民阅读调查报告显示，2020年我国成年国民图书阅读率为59.5%，较2019年的59.3%增长了0.2个百分点；报纸阅读率

为25.5%，较2019年的27.6%下降了2.1个百分点；期刊阅读率为18.7%，较2019年的19.3%下降了0.6个百分点；数字化阅读方式（网络在线阅读、手机阅读、电子阅读器阅读、Pad阅读等）的接触率为79.4%，较2019年的79.3%增长了0.1个百分点。

由统计图1-1可看出，2020年与2019年相比，虽然在增长率上数字化阅读方式接触率0.1个百分点的增长率与图书阅读率0.2个百分点的增长率，看似略低，但绝对值上79.4%的数字化阅读方式接触率远超59.5%的图书阅读率，未来，数字化阅读已成为大势所趋。

2020年我国成年国民人均纸质图书和电子书阅读量均较上年有所提升，深度阅读人群的规模持续扩大。从成年国民对各类出版物阅读量的调查看，2020年我国成年国民人均纸质图书阅读量为4.70本，高于2019年的4.65本。人均电子书阅读量为3.29本，高于2019年的2.84本；纸质报纸的人均阅读量为15.36期（份），低于2019年的16.33期（份）；纸质期刊的人均阅读量为1.94期（份），低于2019年的2.33期（份）。（图1-2）

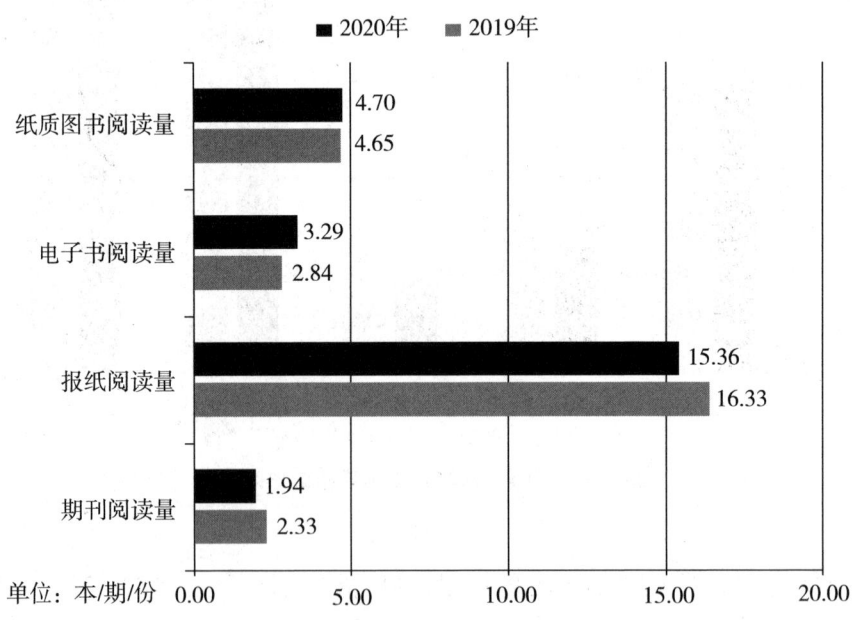

图1-2 2020年我国成年国民人均纸质图书和电子书阅读量

从对未成年人图书阅读量的分析发现,2020 年我国 14~17 周岁青少年课外图书的人均阅读量最大,为 13.07 本;0~8 周岁儿童人均图书阅读量为 10.02 本;9~13 周岁少年儿童人均图书阅读量为 9.63 本。

综合以上数据,2020 年我国 0~17 周岁未成年人的人均图书阅读量为 10.71 本,较成年国民人均纸质图书阅读量 4.70 本高了 6.01 本。由此可以看出,未成年人的阅读需求远远超出成年人的阅读需求,是全民阅读推广的主要参与力量[①]。

同时,对亲子早期阅读行为的分析发现,2020 年我国 0~8 周岁儿童的家庭中,平时有陪孩子读书习惯的家庭占 71.7%,较 2019 年的 70.0% 增加了 1.7 个百分点。另外,在 0~8 周岁有阅读行为的儿童家庭中,家长平均每天花 25.81 分钟陪孩子读书,较 2019 年的 24.98 分钟增加了 0.83 分钟。

综合上述几项调查数据的分析,可得出结论,不论是从未成年人的阅读量远超成年人的阅读量,还是有超过 7 成以上的家庭有陪伴孩子进行亲子阅读的习惯,并且此数据还在逐年增长,说明儿童自身对于阅读的需求较为旺盛,同时,社会对儿童阅读的重视程度也越来越高,开展亲子阅读的思想意识已在家庭中形成。阅读从儿童抓起,从根本上改变我国国民整体阅读量偏低的现状,已经具备了一定的社会基础。

2. 我国全民阅读政策及立法保障

(1) 连续写入国务院政府工作报告

2012 年 11 月,党的十八大报告把"开展全民阅读活动"列入我国全面建成小康社会的美好蓝图。

2014 年,"倡导全民阅读"首次在国务院政府工作报告中提出,2015 年、2016 年连续提出,2017 年,"大力推动全民阅读"出现在政府工作报告中,关键词从"倡导全民阅读"升级为"大力推动全民阅读"。2018—2021 年,国务院政府工作报告中持续提出"倡导全民阅读"。截至 2021 年,"全民阅读"已连续 8 年写入了国务院政府工作报告中。

---

① 以上图表及统计数据来自中国出版网的《第十八次全国国民阅读调查成果发布》。

（2）列入国家战略发展规划

2016年12月，党的十八届五中全会把"倡导全民阅读""推动国民素质和社会文明程度显著提高"列为"十三五"时期的重要工作，《全民阅读"十三五"时期发展规划》正式出台，成为我国制定的首个国家级"全民阅读"规划。规划明确了全民阅读工作的指导思想、基本原则和主要目标，明确了"十三五"时期的重点任务及时间表、路线图等，以进一步推动全民阅读工作常态化、规范化，共同建设书香社会。全民阅读被提升到了国家战略高度，至此，全民阅读步入了发展新时代。

（3）立法保障

随着国家战略的高度重视，全民阅读立法工作的步伐也在不断加快。2013年，我国第一部关于全民阅读的法规《全民阅读促进条例》开始起草。2017年3月，国务院面向全社会对《全民阅读促进条例（征求意见稿）》进行意见征集，全民阅读立法工作迈上了一个新阶段。与此同时，《中华人民共和国公共文化服务保障法》《中华人民共和国公共图书馆法》两部有关公共文化服务以及公共图书馆服务的相关法律分别于2017年和2018年正式颁布实施。2020年10月22日中宣传部印发《关于促进全民阅读工作的意见》，2021年10月23日颁布的《中华人民共和国家庭教育促进法》等法律法规都为我国全民阅读的开展与推进提供了坚实的法律保障，为亲子阅读的实施提供了政策保障。在依法治国的新时代，全民阅读的法律保障机制得到进一步加强。

与此同时，各省区市也根据各自的不同情况，开始启动全民阅读地方性法律法规的立法工作。截至2021年，我国已经有多个省市颁布了全民阅读相关的地方性法规。其中多数为地方性法规，少部分为地方规章。

2014年颁布、2015年正式实施的《江苏省人民代表大会常务委员会关于促进全民阅读的决定》是我国首部地方性全民阅读相关法规，是运用法治思维和方式推进全民阅读，构建全民阅读法律保障机制的重要举措，也是适应江苏经济社会发展，依法保障公民的阅读权利，引领全民阅读风尚的内在要求。

2017年石家庄市发布了《石家庄市人民代表大会常务委员会关于促进全民阅读的决定》。依据决定，每年制订促进全民阅读活动计划，提出读书日、活动月的实施方案,向社会公布,接受社会监督。同时,认真组织实施,动员全社会广泛参与,大力营造全民阅读的浓厚氛围。

2019年广东省十三届人大常委会第十一次会议第二次全体会议表决通过《广东省全民阅读促进条例》,于当年6月1日起正式施行,为促进全民阅读深入开展提供了法律保障。该条例是为了保障公民的基本阅读权利,提高公民的思想道德素质和科学文化素质,培育和践行社会主义核心价值观,传承中华优秀传统文化,推动全民阅读和文化强省建设制定的条例。该条例对于满足人民群众日益增长的精神文化需求、推动居民素质和社会文明程度显著提升、建设学习型社会、建设文化强省等有着重要意义。

《宁波市全民阅读促进条例》2020年4月1日起正式施行,规定每年4月为宁波读书月,每年10月31日为书香宁波日。该条例不仅明确提出将全民阅读基本公共服务经费纳入本级财政预算、公共图书馆等基本公共阅读服务设施建设纳入本级国土空间规划,还规定了公共图书馆应为公众免费提供24小时自助借还、开放阅读服务的公共阅读空间等内容。

2021年上海出台的《关于促进上海全民阅读工作的实施意见》从六个方面体现了上海品质和特色;《四川省人民代表大会常务委员会关于促进全民阅读的决定》,着力将"书香天府·全民阅读"打造成国内一流的阅读品牌;《重庆市实施〈中华人民共和国公共文化服务保障法〉办法》规定每年4月为重庆市全民阅读月;《黑龙江省全民阅读中长期规划(2019—2025)》提出,到2025年培育扶持10个以上省级全民阅读品牌项目,拥有至少2个国内知名阅读活动品牌;《海南省全民阅读中长期规划(2016—2025年)》提出,要培育阅读活动品牌……

此外,许多省份着力培育阅读推广人,如《宁夏回族自治区全民阅读促进条例》提出,要统筹建立全民阅读推广人队伍信息库,为阅读推广人提供相关知识和技能培训。

各省区市持续加快全民阅读立法工作的步伐,以法律法规的形式将全民阅读工作纳入法制化轨道。全民阅读立法工作不是一蹴而就的,需要长期的实践与检验。这些地方法规均从政府主导、社会参与的基本原则出发为公民的阅读权利提供法律保障。

3. 全民阅读格局下图书馆服务模式的变化

随着图书数量不断增多，读者阅读需求、阅读方式的不断推陈出新，以及多学科、多领域的融合，图书馆的服务模式也不得不随之进行改变，以适应日益丰富多样的读者需求，促使图书馆服务向着更新、更高品质的方向发展。

（1）服务朝纵深发展

在全民阅读格局下，电子图书的阅读量逐年增加，而纸质图书的借阅量却在逐渐减少，这给图书馆的传统服务模式带来了较大的冲击。为了适应社会发展的需要，越来越多的图书馆开展了数字化图书馆建设，注重服务内容和人际交互开发，丰富阅读推广活动方式，以达到充分发挥图书馆资源优势的目的。

（2）服务手段现代化趋向

网络传播技术和设备在图书馆中的应用，极大地改善了图书馆的阅读环境，传播手段也更加高效，影响范围进一步增加。[3]图书馆藏书丰富，再加之先进的多媒体技术辅助，可举办各类文化宣传活动。在政府和各类社会团体共同协作之下，许多公共图书馆在社会服务方面取得了非常明显的成就，为公众提供了民主、广泛、多元化的服务。图书馆现代化服务发展历程虽然不长，但已经形成了相对成熟的阅读生态格局。

与一些较早开始全民阅读、培养阅读习惯和阅读素养已经较高的国家相比，我国仍与之有一定的差距。如何优化推进全民阅读路径，如何使政策落地、充分发挥活动效能，构建和谐全民阅读氛围，切实提升全民族文化自信，已成为一个重要的研究课题。

（二）亲子阅读研究的必要性与重要性

1. 亲子阅读研究的必要性

阅读是学习的基础，人的早期阅读能力往往决定了其后期的学业成绩，阅读是未来从事各种工作的基本条件。各国有关亲子阅读研究的成果为家庭亲子阅读的开展提供了理论支撑，并推动着亲子阅读的不断发展。

要开展亲子阅读，首先应对亲子阅读的含义进行研究。所谓亲子阅读（Parent-child book reading），特指家庭情景中父母和孩子共同阅读故事书或图画书的一种阅读活动。[4]亲子阅读侧重在家长根据儿童心理发展的特点,通过各种生动有趣的方法引导儿童对阅读产生兴趣,从而培养儿童良好的自主阅读的能力和兴趣。亲子阅读不是简单地家长读、孩子听的陪读,而是一种高标准的有关阅读技能、技巧的行为方式,它能够激发儿童的好奇心和强烈的阅读兴趣,发展孩子语言、智力等方面的能力,真正达到早期阅读的目的。亲子阅读是引导儿童迈入阅读天地的最佳方式。[5]

国际上大量有关早期读写的追踪研究已经证实了3~8岁是儿童阅读能力发展的关键期,也就是说人的主要阅读能力是在3~8岁期间形成的。儿童早期的读写能力成为预测儿童在校学业成绩以及成人后在社会上的发展状况的重要指标。研究已经表明,[6]缺乏良好的早期阅读经验的儿童,入学以后会有学习适应上的困难,那些在小学三年级阅读方面差的学生,许多在高中阶段成绩很差,他们中许多人甚至可能无法从高中毕业。在幼儿教育中,应当重视培养儿童的早期阅读能力,否则,将延误儿童书面语言的学习。

儿童的早期阅读行为起始于出生后的最初阶段,他们在通过听和说获得口头语言的同时,开始发展起早期接触书面语言的阅读能力。因此,在早期阅读教育中,我们倡导家庭教育中的亲子阅读。正因为早期阅读教育是一种社会系统工程,所以家长对孩子的自主阅读能力培养承担着很重要的职责。在今天,我们看到国内各式各样的亲子园如雨后春笋般兴起,亲子活动已经具有了一定的声势。这足以证明,全社会已经开始重视并认同儿童早期交往的经验会深深地影响到儿童今后各方面的发展,但国内有关亲子阅读理论研究还远远滞后于实践发展的需要。

2. 亲子阅读研究的重要性

近年来,亲子阅读问题日益受到社会的关注。北京师范大学伍新春教授通过大量的调查研究后撰写的《中国儿童早期阅读现状与对策研究报告》中列出的数据表明:西方发达国家儿童在出生6~9个月就开始阅读,而中国儿童则普遍要到2~3岁才开始阅读活动;美国儿童在4岁后进入独立的、自主的大量阅读阶段,而中国儿童平均到8岁(小学二年级)才能达到这个水平。最新的研究资料表明,如果在幼儿期不及时启蒙孩子的阅读意识,激发阅读兴趣,养成阅读习惯，孩子入学后会有学习适应上的困难，如缺乏学习兴趣、理解能力差等。这些都证实早期阅读启蒙的价值和意义，说明幼儿早期阅读经验的获得对人的一生的发展有着不可低估的影响，切不可错失良机，贻误孩子的终身发展。

赵琳所做的一项早期家庭教育的追溯研究表明，[7]儿童早期良好的亲子阅读为个体后继的语文学习和其他学科的学习奠定了坚实的基础，阅读能力强有助于儿童思维的敏捷、缜密、深刻，有助于儿童学习兴趣和学业成绩的提高，有助于儿童自信心的增强，有助于提升儿童的整体素质。亲子阅读活动还让儿童获得了与人沟通的一系列经验，比如情感态度经验、行为经验、认知经验、社会文化经验等。

教育素质决定教育水平，教育者必先有科学的教育观念。家长参与图书阅读可以促进儿童认知的发展、促进其有关书面文字概念的发展、促进幼儿语言能力的发展以及促进儿童道德发展。研究表明，家长参与到儿童早期阅读活动中，能对儿童阅读能力的发展起到不可替代的作用。

教育部2001年颁布试行的《幼儿园教育指导纲要》中，第一次明确地把幼儿的早期阅读纳入语言教育的目标体系，提出要"培养幼儿对生活中常见的简单标记和文字符号的兴趣；利用图画、绘画和其他多种方式，引发幼儿对书籍、阅读和书写的兴趣，培养前阅读和前书写技能；使幼儿喜欢听故事、看图书"。[8]

阅读伴随孩子的一生，让儿童尽早地学会阅读，等于给儿童增加了一双自己获得知识的眼睛。家庭教育要把儿童的兴趣放在第一位，培养一个终生热爱学习的孩子，一定要注意不要让孩子在早期就对阅读感到厌倦。

3. 亲子阅读活动衍生社会效益

2016年起，全国妇联部署开展了"书香飘万家·全国家庭亲子阅读活动"。截至2020年10月，全国累计开展家庭亲子阅读活动41.8万场次①。

统计数据显示，活动明显促进了参与家庭儿童阅读行为的改变、阅读兴趣和语言能力的提高以及良好习惯的养成。99%的参与家长认为活动给孩子带来了明显的变化，依次为：培养儿童阅读兴趣（72.4%），促进儿童语言能力提升

---

① 相关数据来源于"书香飘万家，全国家庭亲子阅读活动"对儿童的影响。

(65.7%)，帮助儿童养成良好生活习惯（59.7%），培养儿童文明礼貌行为（53.2%），帮助孩子更好地学习（45.4%）等（图1-3）。

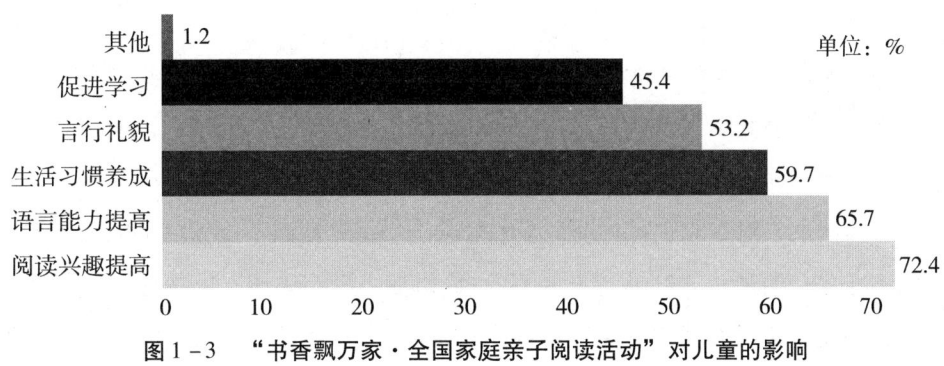

图1-3 "书香飘万家·全国家庭亲子阅读活动"对儿童的影响

全国妇联组织的2018年和2021年开展的两次家长网络调查发现，2021年家长群体对亲子阅读的认知水平大幅度提升，对于亲子阅读的理解明显从"开展亲子阅读是为了帮助孩子识字、写作文、提高学习成绩等"功利性阅读转向儿童发展的角度，90.5%的家长认同亲子阅读在儿童发展中的情感价值与发展价值，选择功利性阅读的比例仅为5.5%，比2018年降低了近20个百分点；对于亲子阅读情感价值的认同为66.2%，比2018年提升了23个百分点，表明家长更加重视通过高质量陪伴，建立和谐平等的亲子关系，培育儿童的健全人格。家长群体普遍重视活动对儿童良好行为习惯的养成（67.7%）、通过阅读开展家教传承家风（49.5%）等家庭精神文明建设方面的作用，满足增进亲子关系（65.2%），提高陪伴质量（46.2%）等情感性需求，而不仅仅是促进儿童学业发展（67.1%）、享受阅读乐趣（54.5%）等发展性需求。还有27.5%的被调查家长参与活动的原因是推动父亲参与家庭教育，20%是为了能够帮助其他家庭和儿童。

第二节 研究方法

本书通过文献调研法对国内外公共图书馆开展的亲子阅读活动进行分析,阐述当下国内外公共图书馆亲子阅读活动的现状;通过案例分析法对昆明市公共图书馆"21天亲子阅读"活动的开展情况进行深层次、多角度的分析和阐述;通过深度访谈法,对专家进行访谈,了解公共图书馆开展亲子阅读活动的关键要素及创新方式;通过对"21天亲子阅读"活动参与者的访谈,发现存在的优势与不足,在深度访谈的基础上通过调查问卷,以"21天亲子阅读"活动的参与者为被调研对象进行随机抽样,对问卷调研的数据进行分析,展现公共图书馆亲子阅读活动的创新成效,揭示存在问题,找出解决方案。

一、文献调研法

文献调研法是最基本的学术研究方法,又称文献研究法、文献调查法、二手资料调研等。其实质是在研究项目的需求基础上,有针对性、有目的、有计划地查阅相关文献资料。较之于其他调研方法,文献调研法不受时空限制,能够横向、纵向地进行比较研究,在科研工作中使用较为普遍。本研究通过对国内外各大数据库进行检索,对国内各个公共图书馆亲子阅读相关资料进行收集、整理,分析并总结目前的国内外亲子阅读活动开展现状,形成对公共图书馆亲子阅读活动开展情况的科学认识,为本研究接下来的工作奠定理论基础。

二、案例分析法

案例分析法是常用的社会科学研究工具之一,又称个案分析法、典型分析法,是通过对有代表性的事物进行深入的研究,进一步得到总体认识的一种科学分析方法。它根据研究目的,选择有代表性的事件作为分析研究的对象,全面收集研究对象的相关资料,对资料进行系统的整理后进行分析研究。通过分析从个体中把握一般规律,或通过一般规律进一步认识个体。该方法既能满足对单个案例的深入分析的需要，也能满足对多个实践案例的对比分析。本研究通过分析对国内外公共图书馆开展亲子阅读活动的实践，横向梳理并归纳国内外公共图书馆开展亲子阅读活动的现状，纵向对比分析昆明市图书馆"21天亲子阅读"活动历年开展情况，进而为总结公共图书馆亲子阅读活动昆明模式提供支撑。

三、深度访谈法

深度访谈法是社会科学研究常用的定性研究方法之一，又称深层访谈法，常用于了解复杂、抽象的问题。深度访谈的特点是在一定的指导原则之下，访谈者和被访谈者开展非结构性对话，以了解被访谈者对某一问题的态度、信念和感情等深层次的认知。本研究将深度访谈的对象分为两类，分别是专家访谈和长期参与对象访谈。专家访谈主要通过对国内公共图书馆馆长、亲子阅读推广人、高校教师等专家群体进行深度访谈，进一步明确亲子阅读的实质以及公共图书馆开展亲子阅读的要点等问题。长期参与对象访谈主要通过对参与"21天亲子阅读"活动3次以上的读者进行访谈，了解活动成效，并征求意见建议。

四、问卷调查法

问卷调查法是社会调查中较为广泛的资料收集方法之一。问卷调查法是调查者通过设计问题、表格，对所研究的问题进行控制式的测量，从而收集到有效资料的方法。较之于其他研究方法，问卷调查法成本较低，调查范围更广且更为标准化。本研究在深度访谈的基础上进一步完善调查问卷，通过问卷调查的方式，对"21天亲子阅读"活动的参与者进行抽样调查，了解参与者的基本信息，对亲子阅读的了解情况，"21天亲子阅读"活动的参与状况和对活动的认知情况，为统计分析和后续定量研究提供数据基础。

本章参考文献

[1] 陆晓红. 我国公共图书馆儿童阅读推广模式研究[D]. 天津：南开大学，2014.

[2] 唐旭升. 图书馆与全民阅读生态体系构建[J]. 内蒙古科技与经济，

2021（3）.

[3] 黄林英，孙云倩，阮立. 公共图书馆微信公众平台服务案例分析及创新思考[J]. 新世纪图书馆，2017（3）.

[4] 谢倩，杨红玲. 国外关于亲子分享阅读及其影响因素的研究综述[J]. 学前教育研究，2007（3）.

[5] 石燕琴. 0~3岁婴幼儿早期阅读现状及对策[J]. 太原城市职业技术学院学报，2005（2）.

[6] 周兢. 开端正确：帮助幼儿成为成功的阅读者[J]. 幼儿教育，2002（4）.

[7] 赵琳. 儿童早期语言教育与其后继语文能力发展关系的研究报告[J]. 学前教育研究，2003（11）.

[8] 王华夏. 父亲教育与诺贝尔天才[M]. 北京：中国妇女出版社，2005.

第二章 国内外公共图书馆亲子阅读活动现状

本章通过广泛收集国内外公共图书馆开展亲子阅读活动实践的相关研究，通过文献调研法分别对比研究国外、国内公共图书馆亲子阅读活动实践现状。选取美国、英国、日本、新加坡4个国家的公共图书馆，对其开展的亲子阅读活动实践进行介绍，总结了欧美国家图书馆和亚洲国家图书馆开展亲子阅读活动的特点，并进行评述。选取了国内的广州少儿图书馆、杭州少年儿童图书馆及苏州图书馆3个有代表性的公共图书馆，对其开展的亲子阅读活动实践展开了介绍，并总结了目前国内外公共图书馆亲子阅读活动的优势及不足。

第一节 国外亲子阅读活动现状

亲子阅读是国外公共图书馆儿童阅读推广的重要形式之一，发达国家尤其注重亲子阅读活动的开展。很多欧美国家的家庭都有在炉火前一家人朗读书籍的习惯，某种程度上这是亲子阅读的雏形。

20世纪60年代，经新西兰的教育家赫达维等人的分析和研究，首次提出了"亲子阅读"的概念，这个概念下的亲子阅读更多强调的是家长和孩子一起无目的地阅读同一本书，这一概念后续在各国广泛受到青睐，亲子阅读逐步形成受各个家庭支持的阅读指导理念。[1]

一、国外亲子阅读活动形式

从活动形式上看，国外公共图书馆亲子阅读活动主要可以归结为三种模式。一是选取固定地点，定期或不定期地开展读书会、故事会、分享会等活动。

通过绘本讲师、资深少儿图书馆员等专业人员为小朋友们讲述绘本或演绎故事，或是为家长和孩子提供一个讨论学习、情感交流的平台，例如美国的"母女读书会"与"母子读书会"一直以来是公立和私立图书馆举办的活动之一。

二是公共图书馆对家长开展亲子阅读指导，让家长学习基本的亲子阅读的基本知识和技巧，包括书籍选择、阅读时长安排、阅读方式选择等，通过对家长的指导，让家长能够在家庭中正确开展亲子阅读，例如澳大利亚新南威尔士的肖尔黑文图书馆针对婴儿及其父母开展的活动，强调父母对孩子的个性化阅读和指导，强调每个孩子的阅读水平和理解能力是各不相同的，父母应选择孩子能接受的方式指导阅读。

三是通过亲子游戏、故事表演等互动性较强的方式开展亲子阅读活动，以此提升小朋友的阅读兴趣，构建良好的家庭阅读氛围，例如美国独具特色的亲子阅读项目"亲子阅读之夜（Family reading night）"，是一个由美国图书馆、学校、文学机构共同举办的全国性活动。亲子阅读之夜每年11月的第三个星期四举办，活动形式活泼多样，包括在美国森特勒利亚区域图书馆举办的以"在星空下阅读"为主题的亲子阅读夜活动，图书馆工作人员在青少年阅览室里布置灯笼、睡袋和帐篷，在黑暗天花板上装上发光的星星。参与活动的家庭可在"星空下"阅读，并可参加图书馆寻宝活动，极具游戏和趣味性。[2]

二、国外亲子阅读活动目的

从活动目的上看，国外图书馆开展亲子阅读活动的目的是为了通过亲子阅读培养孩子的情感价值，尤其是亲情；此外，部分国外图书馆则主张亲子阅读的重点是"无目的"阅读，因此组织的亲子阅读活动更多的是户外游戏、唱歌跳舞的形式。[3]本部分主要讲述国外亲子阅读现状，分别从欧美国家和亚洲国家两个部分展开，分析国外亲子阅读活动开展的具体形式。

三、欧美国家亲子阅读活动实践

欧美国家亲子阅读发展历史较长，体系较为成熟，较之于亚洲国家，欧美国家公共图书馆的亲子阅读活动更崇尚"无目的"阅读，形成了较为固定的模式。

多个国家的公共图书馆都形成了在全球范围内具有一定影响力的亲子阅读品牌活动，本部分分别选取了英国和美国较具代表性的亲子阅读品牌活动进行介绍。

(一) 美国公共图书馆亲子阅读活动实践

"故事时间"（Story Time）是美国公共图书馆亲子阅读活动的重要实践成果，已有100多年的历史，形成了较为固定的品牌，在美国范围内有较大的影响力，其模式也受到很多国家公共图书馆效仿，其发展经验值得我国公共图书馆借鉴。受炉边家庭故事传统的影响，20世纪初，美国公共图书馆开始了名为"故事时间"的亲子阅读实践，这一时期该活动主要目的是通过公共图书馆的专业性，为孩子介绍有针对性的优质读本，提高孩子的阅读兴趣，同时提高图书馆书籍流通率，此外，通过活动可以让父母学习朗读技巧，进而提高亲子阅读质量。这一时期活动面向的主体主要是学龄前儿童，主要形式是通过有经验的幼儿教师等专业人士定期在图书馆为小朋友们讲故事。

20世纪中期受社会发展的影响，"故事时间"活动开始有了新的变化。一是较之于初期活动，这一时期活动的主体更为低龄化；二是由于经济和技术的发展，出版物更易获得，民众的整体素养有所提高等因素，在公共图书馆"听故事"这样的活动形式也不再具有强势的吸引力，活动的频次开始逐渐降低；三是一战后移民潮的出现，让文化融合更为突出，美国的图书行业受到了多种文化融合的影响，移民聚集区的公共图书馆出现了多语言的"故事时间"活动。这一时期"故事时间"开始具备了一定的科学性、针对性、创新性和目的性。活动的目的开始瞄准幼儿早期教育，包括识字能力、读写能力、表达能力等。这一时期的活动形式也开始有了创新，不再拘泥于单一的"讲故事"，而是融入了歌曲、童谣等形式，并且多以戏剧化的故事为主，馆员重复讲述以加深孩子的记忆。

20世纪中晚期，得益于儿童早期教育研究的深入，研究表明在孩子出生后的前三年的语言能力、认知能力、社会行为和性格养成对其今后人生的发展影响尤为重要，而讲故事是培养这些能力的重要手段之一。这些研究结果，提示公共图书馆将"故事时间"针对的对象范围聚焦在3岁以前的儿童。这一时期的讲故事开始强调专业化，对故事讲述者有了更高的要求包括语调、肢体语言、情景互动等，通过更具吸引力的讲述，让孩子置身故事之中。[2]

（二）英国公共图书馆亲子阅读活动实践

"阅读起跑线"计划（Bookstart）起源于英国，最初由图书信托基金会、伯明翰图书馆服务部以及基层医护服务信托基金会于1992年联合发起，是世界上第一个专为学龄前儿童提供阅读指导服务的全球性计划，该计划倡导家长与孩子共同阅读，分享故事和儿歌，为家长提供辅导孩子阅读方法和技巧的资料，有利于促进亲子共读。目前已经形成相对固定的模式，并在全球范围内有较大的影响力，英国、美国、日本、韩国、泰国、智利等国家均有公共图书馆加入该计划，我国的苏州图书馆于2014年成为"阅读起跑线"计划成员馆，是中国大陆第一个加入该组织的图书馆。

"阅读起跑线"计划最初目的是为了让英国儿童能在早期阅读中受益，享受阅读，进而培养儿童阅读习惯。"阅读起跑线"计划主要有两个主要服务内容，一是根据不同年龄段特征，或是不同主体特征提供相应的免费资料包；二是在公共图书馆组织开展儿童阅读推广活动。提供的资料包主要分为四类，内容包含为对应年龄段的小朋友准备的书籍资料和为家长准备的亲子阅读指导手册和育儿指南等，分别是"婴儿包""高级包""百宝箱"和"触摸包"。"婴儿包"为0~18个月婴儿准备，提供关于如何给婴儿分享故事的指导手册、童谣和书等，为新生儿父母提供初步的讲故事指导；"高级包"为18个月~2岁半的幼儿准备，提供涂鸦板、蜡笔、识数册、针对该年龄段幼儿的推荐书单、听说能力培养的指导手册和藏书标签等，以指导家长在这个阶段培养幼儿的识数、认图、听说能力和初步的藏书意识；"百宝箱"为3~4岁的儿童准备，在"高级包"的基础上，提供该年龄段的推荐图书、儿童教育相关书籍、获取特定主题图书的指导手册等，在让父母学习育儿知识的同时，培养儿童获取需要图书的能力；"触摸包"专为0~4岁的视障儿童准备，提供关于与视障儿童分享图书的指导手册、新书推荐书单，帮助视障儿童进行阅读的指导手册和专为视障儿童定制的图书等，该计划让视障儿童通过手指触摸来"读书"，充分体现阅读公平[4]。

除了为孩子提供各式"阅读包"，"阅读起跑线"的成员图书馆还开展各种亲子阅读活动，为家长提供培养孩子良好阅读习惯的方法指导，鼓励家长与孩子一起读书,鼓励市民到附近的公共图书馆借阅书籍等。"蹒跚起步来看书"是"阅读起跑线"的核心活动之一,通过定期在图书馆举办"故事时间"等活动陪伴孩子阅读,指导家长如何正确进行亲子阅读,鼓励家长带0~4岁的儿童到图书馆享受阅读的乐趣,图书馆会为参加活动的儿童提供标签收集卡,每次去图书馆参加活动可以获得一个标签,集齐5个标签即可选取一款自己喜欢的阅读证,通过不同款式的阅读证激发儿童收集意愿,进而带动儿童走进图书馆,带动家庭走进图书馆。"儿歌时间"是"阅读起跑线"计划的另一项主要亲子活动,在成员图书馆举办包括亲子儿歌律动、玩具分享、图书分享等活动环节,以此来丰富亲子互动的内容,拉进亲子关系[4]。

四、亚洲国家亲子阅读活动实践

亚洲国家公共图书馆亲子阅读活动在吸收欧美国家经验的基础上,实践的创新性更为显著,多与社会机构或组织合作,形式也更为多样。例如,韩国首尔儿童图书馆的"美丽老太(银发故事会)"项目,是由首尔儿童图书馆和文学协会规划协调,首尔女性基金会赞助,由居住在首尔的祖母自愿报名为孩子讲故事的活动,通过活动增加祖孙沟通的机会;日本东京浦安市公共图书馆的"和婴儿一起享受童谣",是针对6~15个月婴儿及其家长开展的大声阅读童谣与图画书的活动;大阪府立中央图书馆"摇篮里的故事"活动,为15个提前预约的家庭提供童谣朗读、图画书及互动游戏等。这些活动都具有独特性和个性化色彩,但目前尚未形成全球范围内较为有影响力的品牌。

受历史、文化等因素影响,亚洲国家公共图书馆亲子阅读活动更为重视亲子阅读给孩子带来的直接效益。本部分选取了日本和新加坡两个国家,对其公共图书馆开展的亲子阅读活动实践进行介绍。

(一)日本公共图书馆亲子阅读活动实践

日本对阅读的重视主要体现在对儿童阅读的重视,1950年,长野县立图书馆、长野县家长教师协会挖掘到母亲对儿童教育的重要性,在全县举办了"母亲文库"运动,通过为母亲提供阅读服务,带动孩子阅读,提升家庭教育质量,该运动最后吸引了日本境内大量家庭参加,至今仍在其境内有一定影响力。[5]19世纪 60 年代，鹿儿岛县立图书馆与各级教育委员会、各级图书馆、学校一同开展"亲子 20 分钟读书运动"，呼吁家长每天抽出 20 分钟和孩子一起读书，该活动初期主要在鹿儿岛范围内的小学开展，因为成效显著，逐步发展到其他地区，图书馆还通过媒体广泛报道该活动，让更多人知晓活动，进而影响更多的家庭参与亲子阅读。[6]

日本国际儿童图书馆以"连接全球读物，开启儿童光明未来"为理念为世界范围内的儿童提供阅读服务，馆内提供各类儿童书籍、绘本，提供亲子共读设备、音像等资料，以吸引更多的家长带孩子走进图书馆。在亲子阅读活动实践方面，基于其地理位置优势，国际儿童图书馆与附近的博物馆、公园、艺术馆、文化馆、音乐厅等大型公共文化场所资源互助、相互配合举办了种类繁多的活动，取得的成效颇丰。该图书馆通过广泛与这些机构合作，拓展延伸亲子阅读的边界，扩大亲子阅读范围。2013 年，该图书馆与上野公园及周边文化机构共同开展了"爱上野——从上野出发的博物馆之旅"活动，每个参与机构都设有具有特色的徽章，参与者以家庭为单位带小朋友参观博物馆、图书馆等机构来获取徽章，让小朋友在游玩中学习，通过丰富的家庭活动增进亲子关系。除了亲子一起到文化机构参观学习，国际儿童图书馆与其他机构合作开展特色活动，让儿童能够通过具有趣味性的活动更深入地体会阅读的魅力。2015 年，国际儿童图书馆以艺术、音乐和图画书为主题，开展了一系列以阅读为基础的活动，挖掘儿童的创作潜力和创新精神，家长带小朋友在图书馆内阅读，让小朋友根据书籍的内容展开想象，之后将小朋友带到东京大都会博物馆，为自己想象的生物亲手制作装扮，再让小朋友身着自己制作的服饰到东京文化会馆和其附属的音乐厅参观，并创作音乐、舞蹈。最后，让孩子们带着自己创作的作品到上野公园公开表演。通过认知、思考、创作、汇报表演的形式，让小朋友体会到阅读的效果，进一步提升孩子们对阅读的兴趣，挖掘小朋友创作潜力[7]。此外，国际儿童图书馆每个月定期举办"给幼儿念童话书"活动，参与对象是 3 岁以下的儿童和家长，该活动进行了年龄分级，为不同年龄段的儿童提供合适的故事，活动中，提倡让孩子们参与解读绘本，或用儿童歌曲介绍图书，通过一个家庭分享一本书，让更多的好书走进更多的家庭。[5]

（二）新加坡公共图书馆亲子阅读活动实践

新加坡的公共图书馆在儿童阅读推广方面有着较为先进的理念和较多的实践，通过多种形式的亲子阅读活动提升儿童阅读兴趣，由儿童带动家庭。2004年，新加坡国家图书馆与5个社会团体联合开展了针对5～8岁儿童的"儿童启蒙阅读计划"，该计划致力于鼓励和帮助少年儿童尤其是低收入家庭的孩子培养阅读习惯，该计划延续5年，号召有能力的家长作为志愿者为小朋友们讲故事，和小朋友们一起读书，让小朋友享有更为平等的阅读权利。新加坡社区图书馆分布较广，惠及全城，为了方便家庭借阅，新加坡的公共图书馆发展了流动图书车，家长可以按需借还，在家中与小朋友共度亲子时光。此外，公共图书馆会联合社会机构和多部门开设专门的儿童节目，最受欢迎的是兀兰图书馆联合电视台推出的《Mat Yoyo》节目，近200名小朋友参与该节目，内容包括手工艺活动、乐器教学、户外教学、歌舞表演等。节目会邀请孩子的家长作为嘉宾，增加家长与孩子的互动。家长、图书馆、电视台、专业人士合作通过游戏的方式开展亲子阅读活动，以起到寓教于乐的作用。[8]

五、国外亲子阅读活动现状评述

通过对国外公共图书馆亲子阅读活动实践案例的研究，可以得出国外图书馆亲子阅读服务有以下特点。

（一）优　势

1. 政府主导，法律保障

多个国家政府都出台了促进儿童阅读的相关政策和法律法规，为亲子阅读提供了相应的政策支持和法律保障。以日本为例，2000年日本国立青少年教育振兴机构成立了"孩子的梦想"基金，以支持各类儿童阅读活动、儿童成长体验活动等，该机构设有专门的审查委员会，下设2个分会负责儿童阅读推广专项事宜。2001年政府出台了《关于推进儿童读书活动的法律》等相关法律为推动儿童阅读提供了法律保障，此外，2004年开始，日本科学省每5年提出一次《关于儿童读书活动推进基本计划》，详细规划未来5年的全国范围内儿童阅读推广活动，该规划对家庭、社区、学校、社会组织在儿童阅读推广活动中的角色都进行了定位。2013 年《第三次儿童读书活动推进基本计划》指出通过督促地方政府，充分利用公立图书馆资源，力图在未来 10 年内实现每月读书不足一本的儿童数量减半。

2. 多机构合作开展

多机构合作是国外图书馆开展亲子阅读活动的重要举措，亲子阅读不再局限于图书馆的单一力量，与其他社会机构进行联动，将公共文化服务之网织密、织牢。在机构合作方面亚洲国家的实践成果更为显著，如新加坡的公共图书馆与电视台联合开展专门的节目，带动家庭参与，寓教于乐的方式开展亲子阅读推广活动，日本国际儿童图书馆与附近的上野公园、博物馆、艺术馆等联合开展活动，让小朋友通过参观这些机构，实地学习，再通过一系列创作活动充分挖掘儿童的阅读兴趣。欧美国家的公共图书馆机构合作多倾向于与基金会、社会福利组织活动，亲子阅读活动更加强调公益性，如"阅读起跑线"计划就是由图书信托基金会、伯明翰图书馆以及基层医护服务信托基金会共同发起的，其目的在于让阅读更为公平，让更多的家长掌握亲子阅读的技巧。

3. 亲子阅读国民认可度高

受历史等因素影响和部分国家政府对于阅读的重视，以及对亲子阅读重要性的大力宣传，亲子阅读的理念在很多国家深入人心，国民认可度极高，很多家庭会主动寻求公共图书馆亲子阅读资源，积极参与亲子阅读活动，通过活动培养孩子的阅读兴趣，建立更为和谐的亲子关系。公共图书馆举办亲子阅读活动—家庭积极参与—取得良好活动效果—公共图书馆不断优化活动、持续举办—吸引更多家庭参与，基于国民对亲子阅读的认可形成了这样的良性循环，进而推动国外公共图书馆亲子阅读活动的不断改进，最终形成全球范围内具有影响力的品牌。

(二) 不 足

国外图书馆亲子阅读活动起步较早，为国内图书馆的亲子阅读活动提供了很多实践经验，但仍存在一些不足。部分国家图书馆在开展亲子阅读活动时过度强调亲子阅读给孩子带来的直接效益，从而忽略了阅读的本质；部分国家在开展亲子阅读时，活动模式过于固定，缺乏创新性和趣味性。国内图书馆在借鉴吸收国外亲子阅读活动经验时可以扬长避短,实现服务升级。

第二节　国内公共图书馆亲子阅读活动现状

国内公共图书馆亲子阅读活动起步较晚,但发展较为迅速。目前国内很多公共图书馆都进行了亲子阅读活动的实践,部分图书馆亲子阅读活动成果显著。知网检索"公共图书馆+亲子阅读",共有452条检索结果。国内关于亲子阅读的文献最早发表于2003年,题为《对公共图书馆开展特色服务的一点思考》的文章主要讨论作者关于公共图书馆开展特色服务的思考,提及应重视针对儿童的阅读服务,建设专门的亲子阅览室,为家长提供相应的儿童阅读指导的培训,从儿童阅读带动到家庭阅读,但未涉及具体实践。从文献研究情况可以看出,2010年后,亲子阅读开始受到学界广泛重视,国内发达地区公共图书馆开始了亲子阅读活动的初步实践,相关文献开始大幅涌现。

一、国内亲子阅读活动形式

(一) 读书会、故事会

读书会、故事会是亲子阅读活动最基本的形式,几乎所有开展亲子阅读活动的图书馆都定期或不定期地开展读书会、故事会活动,其他相关的亲子阅读活动也多是围绕读书会、故事会开展的。

读书会、故事会的开展主要有以下几个模式:一是由资深馆员对参与家庭进行演绎;二是由志愿者讲述;三是馆员与志愿者合作;四是馆员与学校、幼儿园合作;五是孩子们在家长的指导和鼓励下以比赛或表演的形式对故事进行讲述。

(二) 家庭阅读指导

公共图书馆开展亲子阅读活动的另一重要形式是家庭阅读指导。家长在日常生活中及时抓住早期阅读指导的契机,对孩子加以引导。亲子阅读形式往往在孩子好奇或遇到问题时,可以及时对孩子进行指导或答疑解惑,而且与日常生活密切相关，所以更具实效性。它对激发幼儿求知欲，培养幼儿洞察力，促进家长与孩子的交往，具有不可取代的作用。

（三）其他形式

除了亲子读书会及家庭阅读指导两种重要形式外，图书馆还举办各种形式的亲子阅读活动。天津少年儿童图书馆开展亲子童话短剧表演、"读读书、动动手、做游戏"亲子阅读活动；深圳少年儿童图书馆举办故事表演、"智慧宝宝手工"、亲子共读主题书展、亲子阅读交流等多种形式的亲子阅读活动；昆明市公共图书馆"21天亲子阅读"活动中设置的"父母课堂"，让亲子阅读活动的家庭教育者首先接受阅读指导，从而再指导孩子阅读。

二、部分公共图书馆亲子阅读活动实践

（一）广州少儿图书馆亲子阅读活动实践

广州是国内较早建立少儿图书馆的城市之一，广州少儿图书馆也是国内亲子阅读活动起步较早的公共图书馆，馆内设有专为幼儿设计的阅览室，依托专业的亲子阅读活动场地优势，广州少儿图书馆时常举办故事会、亲子剧场、亲子手工制作、图书馆探秘、亲子讲座等活动，以图书馆为阵地开展活动，通过丰富的活动，让读者进一步了解图书馆，爱上阅读，促进亲子关系。

广州少儿图书馆的亲子阅读活动实践较为丰富，内容涵盖故事会、手工活动、参观活动、家庭延伸阅读等。以家庭为单位开展参观活动让小朋友可以巩固在书本上学到的知识，进而激发求知欲。通过参观，培养小朋友观察能力与思考能力，用书籍解答参观中的疑问，以实现引导阅读的目的。广州少儿图书馆组织参观活动时，以家庭为单位，活动设计四个环节，以参观博物馆为例，首先，向参加活动的家庭介绍关于博物馆的相关书籍资料，让家长带领孩子回家后一起进行资料收集并制作一份记录手册，记录家庭的资料收集情况和研究方向；然后，带领参加活动的家庭参观学习，让小朋友对照自己的记录手册，找到区别于书籍的新发现并记录；接下来，每个家庭派一位代表发表活动的收获和观后感；最后，参与活动的家庭与工作人员根据现场的讨论以及记录手册的内容进行全体投

票，选出优秀家庭予以表彰，并在馆内展示优秀家庭的记录手册，激励更多的家庭参与到活动中来。家庭延伸阅读从图书馆阅读活动延伸到家庭，让家长和孩子同读一本书，加强亲子阅读的互动性，营造良好的家庭阅读的氛围。让家长与孩子共同制定阅读的规划，根据需求在图书馆查找相关的资料，在阅读前提出问题，通过阅读解答预设的问题。此外，广州少儿图书馆每年会根据实际情况制定一系列全年的主题活动，活动定期举行，贯穿全年。菜单式服务让家长可以根据需求带孩子定期参加活动，为培养幼儿阅读习惯提供了基础。[9]

（二）杭州少年儿童图书馆亲子阅读活动实践

杭州少年儿童图书馆亲子阅读活动起步较早，也形成了较为固定的品牌。"小可妈妈伴小时"亲子课堂便是杭州少年儿童图书馆品牌活动之一，活动始于2012年，至今已连续举办了10年，专为0~6岁儿童开设，致力于打造全公益、内容丰富、适龄的图书馆分级阅读推广和阅读指导服务，深受家长和孩子的喜爱。

"小可妈妈伴小时"亲子课堂活动内容涉及阅读、游戏、语言、手工、音乐等主题，活动成立了多个社交群，专门开通了微信公众号、博客账号，通过社交媒体实现活动信息实时推送，也更好地实现了读者与活动主办方的互动。"小可妈妈伴小时"亲子课堂以其个性化的服务手段、多元化的服务内容受到孩子及家长的喜爱。"小可妈妈伴小时"根据学龄前儿童不同阶段的身心发展特点、智力发展能力及接受程度，以培养孩子阅读兴趣为目的，立足于构建良好亲子关系，依托馆内资源优势，规划并组织开展系列活动。"小可妈妈伴小时"亲子课堂，根据小朋友不同年龄段进一步细分活动内容，分别开展有针对性的活动，再根据活动性质进行分类推送，以"绘本阅读"系列活动为例，对0~2岁的孩子设计的"阅读游戏"活动，重在让孩子接触阅读；对3~4岁孩子设计的"爱上阅读"，重在激发阅读兴趣；对5~6岁孩子设计的"快乐阅读"，重在培养孩子的阅读技能。此外，针对专业人才缺乏的问题，杭州少年儿童图书馆一方面通过和第三方合作，提供更优质的服务，另一方面利用自身的公益性特点吸纳社会组织、社会人员以志愿者的身份加入活动组织管理中，让家长带孩子参加活动的同时，也通过自己的技能或专业知识给其他家庭带来别有意义的课堂。

此外，为了扩大亲子课堂的服务半径、扩大活动受众面、扩大社会影响力，杭州少年儿童图书馆与社区合作，让"小可妈妈伴小时"亲子课堂活动走入社区，使孩子与家长在家门口就能享受到图书馆服务。通过密集型、低成本、常态化、多样化的活动吸引读者走进图书馆，从而认识图书馆、了解图书馆，并成为图书馆的活跃用户，继而发展成为未来图书馆的忠诚用户。[10]

（三）苏州图书馆亲子阅读活动实践

苏州图书馆的阅读推广活动是一项常规工作，贯穿于全年的读书活动中，儿童阅读推广活动在苏州图书馆尤其受到重视。活动形式多样，内容丰富多彩，包括"讲故事"、征文活动、朗读会、童话剧、课本剧表演比赛等。为鼓励更多的家庭开展亲子阅读，培养儿童早期的阅读兴趣和阅读能力，苏州图书馆在借鉴英国的"阅读起跑线"计划的基础上，于2011年启动了"悦读宝贝计划"，该计划每年向1 000组0～3岁婴幼儿家庭提供"阅读大礼包"，内容包括婴幼儿读物、《亲子阅读》指导书、阅读测量尺、宣传册页以及苏州图书馆少儿读者证等。该计划根据婴幼儿的年龄特点有针对性地开展亲子读书活动，以吸引更多的孩子和父母参与幼儿早期阅读指导活动，内容包括推荐亲子阅读书目、举办亲子阅读讲座、"故事姐姐讲故事"、儿童心理健康咨询等。我国的苏州图书馆在2014年成为英国"阅读起跑线"计划成员馆，是中国大陆第一个加入该组织的图书馆。[11]

苏州图书馆的分馆也不定期地举办各类亲子阅读活动，各分馆活动也备受欢迎，沧浪分馆开展的"泡泡故事园"活动、园区青少年活动中心分馆开展的"七巧板"亲子阅读活动，相城分馆创设的"开心果"系列亲子阅读活动在市内评价颇高。分馆活动通过绘本阅读、故事新编、以主题阅读为基础开展手工制作、亲子舞蹈与游戏等活动，提升儿童的阅读兴趣，丰富域内少年儿童的文化生活，通过寓教于乐的活动活动形式，培养少年儿童走进图书馆、利用图书馆资源的意识以及良好的阅读习惯。

此外，苏州图书馆开展"少儿乐园"系列讲座也深受儿童及家长喜爱，讲座邀请儿童心理咨询专家、幼儿师范学院教师以及儿童文学作家，为家长和孩子提供高品质、有针对性的阅读盛宴。"少儿读者家长沙龙"活动也广受父母好评，通过沙龙的形式普及亲子阅读知识，加强亲子阅读方法的交流，为家长提供亲子阅读方法指导，从而推进家长在家中科学、有效地开展家庭亲子阅读。为解决图书馆覆盖不均衡等因素导致的"借阅难"等问题，苏州图书馆开展了流动图书大篷车服务，依托馆藏资源，深入学校，为未成年人提供"送书上门"服务，定点定期开展阅读循环服务，为公共图书馆亲子阅读推广提供了基础。[11]

三、国内公共图书馆亲子阅读活动现状评述

（一）优　势

1. 活动方式多样

在借鉴国外公共图书馆亲子阅读活动实践经验的基础上，国内公共图书馆有了更多的亲子阅读活动实践形式，部分图书馆引入国外亲子阅读活动品牌，将先进的理念和方式与当地实际情况相融合，部分图书馆在传统亲子阅读活动启示的基础上，进行了本土化创新，引入具有中国特色的活动形式，增加了活动亮点。

2. 公益性较强

基于国内公共图书馆的公益性特征，国内的公共图书馆亲子阅读都是纯公益性质。活动面向域内的所有儿童及家庭，部分活动受承载力的影响，会有名额限制，但报名基本不限条件。国内公共图书馆在举行活动时均选取了质量较高的资源，为域内群众提供更高质量、更为公平、更加高效的亲子阅读活动服务。

3. 社会力量参与力度较大

基于图书馆专业人才短缺等限制，国内公共图书馆亲子阅读活动多采取政府购买服务的模式。在这样的模式下，第三方机构在公平、公正、公开的前提下进行竞争，图书馆作为服务购买方在评价、筛选后选取更为优质的机构，进而为读者提供更为专业的服务。

（二）不　足

1. 部分亲子阅读活动偏离"阅读"本身

目前国内公共图书馆广泛开展亲子阅读活动，活动形式多集中于讲故事、阅读分享会、手工活动等形式，很多活动本质上脱离了亲子阅读的核心——阅读，很多公共图书馆的亲子阅读活动甚至更倾向于儿童活动而非亲子阅读活动，活动

过程中更多强调趣味性,而忽略了"阅读本位"。

2. 缺乏活动延续性

受限于政策、资源、资金、人才等因素的制约,国内大多数公共图书馆一般通过讲座、读书会的形式开展亲子阅读活动,活动多以阶段性开展,未形成贯穿全年的持续性开展模式。更多的活动都是在如六一儿童节、世界读书日等特定时间举办,很多图书馆的亲子阅读活动更像是单次活动,很难吸引读者持续关注。

3. 缺少对家长的培训

在亲子阅读过程中,家长的阅读水平直接影响少儿阅读能力的提高。而受国民整体文化素养的影响,不少家长自身阅读素养不高,国内公共图书馆对家长进行亲子阅读指导培训的重视不足,致使家长对儿童早期阅读的认识不足,多数家长不能理解儿童早期阅读活动的正确含义和缺乏科学的认识,把阅读和识字等同看待,忽略了孩子阅读兴趣和阅读习惯的培养,不能根据孩子的阅读兴趣爱好有针对性地进行书籍选择或阅读指导。

4. 区域发展不平衡

目前国内公共图书馆亲子阅读活动的另一大特征是区域发展不平衡。一是地区发展不平衡,受经济、文化、人口等因素影响,沿海地区公共图书馆亲子阅读活动形式更为丰富,活动覆盖面较广,参与者较多,形成相对固定的品牌。二是城市间发展不平衡,在同一省份内,资源会更向省会城市或是经济发达的城市倾斜,在这些地域内亲子阅读活动更受重视。

本章参考文献

[1] 胡珊. 国内外亲子阅读研究发展及其新思考[D]. 长春:东北师范大学,2008.

[2] 戚敏仪. 国内外图书馆亲子阅读综述[J]. 晋图学刊,2014(04).

[3] 梁志敏. 国内外图书馆亲子阅读服务研究初探[J]. 四川图书馆学报,2012(06).

[4] 陈永娴. 阅读,从娃娃抓起——英国"阅读起跑线"(Bookstart)计划[J]. 图书馆理论与实践,2008(01).

［5］俞月丽．日本儿童图书馆的发展与服务［J］．图书馆论坛，2008（05）．

［6］曹磊．二战前后的日本图书馆阅读推广活动［J］．图书情报研究，2013，6（02）．

［7］余雯．日本国际儿童图书馆的服务创新研究［J］．图书馆建设，2019（S1）．

［8］武婧．新加坡图书馆儿童服务的特点与启示［J］．图书馆学刊，2014，36（01）．

［9］黄敏．亲子阅读活动探讨——广州少年儿童图书馆实践谈［J］．图书馆学研究，2011（10）．

［10］朱峻薇，陆一鸣，吴白羽．图书馆学龄前儿童特色服务活动探析——以杭州少年儿童图书馆"小可妈妈伴小时"亲子课堂为例［J］．图书馆研究与工作，2014（02）．

［11］刘鑫．公共图书馆总分馆服务体系下的儿童阅读品牌活动建设——以苏州图书馆为例［J］．河南图书馆学刊，2013，33（12）．

第三章 公共图书馆亲子阅读活动的昆明模式

第一节 昆明市公共图书馆"21天亲子阅读"活动概述

一、亲子阅读活动的有关概念

(一) 亲子阅读[1]

亲子阅读的概念在理论研究领域有着不同的表述方式,在本书第一章里有过阐述。就亲子阅读的内涵来说,不同学者的表述都涉及其中的一部分、大部分或更全面的内容,这是阐述角度的问题,抑或在不同的使用范围选择不同的表述方式,有以陪伴为主题的、以活动为主题的、以亲子互动交流为主题的……但归根到底,无论以何种方式开展亲子阅读,均应围绕以书为媒、以阅读为纽带来开展一切的活动。以下是部分学者对亲子阅读的定义:

王西敏(2003)认为,亲子阅读是家长和幼儿共同欣赏美丽的图画书,讲述其中的故事,解答疑难并引导孩子思考,使孩子的阅读能力尽快提高,人格得到健全发展。季燕(2007)将亲子阅读定义为在轻松、愉快的亲密气氛中,父母和儿童共同阅读图书的类似游戏的活动。韩明月(2007)将亲子阅读界定为亲子阅读是指成人和幼儿以各种形式(朗读、讲解、游戏、表演等),围绕幼儿图书进行交流的活动。

基于以上定义,我们把亲子阅读定义为:家长与孩子在轻松阅读的家庭环境中,通过多形式(朗读、讲解、游戏、表演等)对图像、文字、声音等具象信息和书本思想内容等抽象信息的认知过程。

(二) 时间周期概念——21天效应

通过文献调研得知,美国学者凯尔曼(1961)研究发现,理念与习惯的形成需要经历三个阶段，第一阶段，顺从。即表面接纳新理念，或开始新习惯，在外显行为上表现出尽量与新的要求一样，而在实质上未发生任何变化。可见，新理念、新习惯的形成一开始多数是受到外在压力影响而产生的，自发的是极为少见的。第二阶段，认同。认同是在心理上主动接纳新理念、新习惯的影响，比顺从更深入一层，因此，此时意识成分更加浓厚，不再是被动地、无奈地，而是主动地、有意识地加以变化，使自己尽可能接近新理念、新习惯。第三阶段，内化。此时新理念、新习惯已完全融于自身之中，无任何不适之处，已彻底发挥新理念、新习惯的作用。一般而言，这三个阶段对非特异的理念、习惯只需 21 天便可形成，这是大量实验与实践证实的结果。

在行为心理学中，把一个人的新习惯或理念的形成并得以巩固至少需要 21 天的时间，称之为 21 天效应。

基于对"亲子阅读"和"21 天效应"概念的研究分析，昆明市于 2015 年在全国创新举办了第一届"21 天亲子阅读计划"，即之后的"21 天亲子阅读"活动。活动以书为媒，以阅读为纽带，通过共读，父母与孩子共同学习，一同成长；通过"亲子阅读"为父母创造与孩子沟通的机会，分享读书的感动和乐趣，同时带给孩子欢喜、智慧、希望、勇气、热情和信心。通过 21 天的习惯形成周期，让孩子爱上阅读，让阅读成为孩子生活中的一个良好的行为习惯。

二、活动内涵

（一）活动主题与活动目的

昆明市公共图书馆开展的"21 天亲子阅读"活动以中华人民共和国《未成年人思想道德建设实施纲要》、昆明市文明委关于开展"扣好人生第一粒扣子"主题教育实践活动为指导，积极开展针对未成年人的全民阅读推广活动。通过不断探索亲子阅读的方式，以书为媒，以阅读为纽带，在培养孩子养成良好阅读习惯的同时，更加注重以家庭为单位所形成的阅读氛围，用一个家庭的阅读带动更多家庭参与阅读，从而辐射更大区域范围的家庭和社会形成阅读氛围，掀起全民阅读高潮，激发广大社会公众阅读的热情，营造浓厚的阅读氛围，让全民阅读真正常态化、普及化。

（二）活动获得的荣誉

自活动举办以来，主办方采取市县两级文化、教育等多个主管部门紧密联动的形式，以昆明市15个公共图书馆和全市范围内中小学、幼儿园为配合单位，同时积极引入文化机构、教育机构、媒体机构、科技企业、旅游企业、高等学校等多业态社会力量参与，不断探索活动的亮点和创新点，逐年提升活动品质和影响力。在多方力量通力配合下，"21天亲子阅读"活动已成为昆明市乃至全国未成年人阅读推广的品牌活动，起到了较好的全民阅读示范作用，得到了社会各界的广泛认可和高度评价，更得到了图书馆业界以及诸如出版界等各界专家、学者、政府相关部门的肯定，分别于2015年荣获了"出版界图书馆界全民阅读年会（2015）"阅读案例评选一等奖（图3-1）；2016年荣获了由中国图书馆学会主办的2016全国少年儿童阅读年系列活动——全国"亲子绘本阅读推广月活动"二等奖（图3-2）；2018年荣获全国妇联家庭和儿童工作部与国家新闻出版广电总局出版管理司联合评选的首批"全国家庭亲子阅读体验基地"称号（图3-3）。

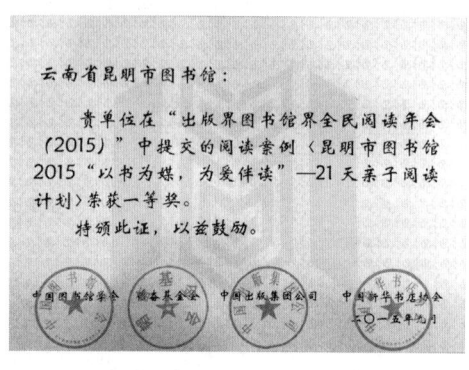

图3-1　2015年"21天亲子阅读"
　　　　活动获奖证书

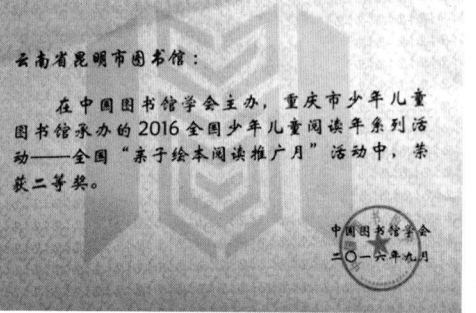

图3-2　2016年"21天亲子阅读"
　　　　活动获奖证书

第三章 公共图书馆亲子阅读活动的昆明模式

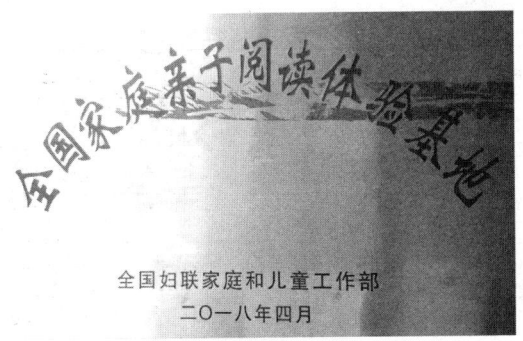

图3-3 昆明市图书馆"全国家庭亲子阅读体验基地"授牌

表3-1为2016年全国"追寻红色记忆,亲子阅读同行"亲子绘本阅读推广月活动获奖名单,昆明市图书馆申报的"阅动金秋——21天亲子阅读"活动荣获二等奖。

表3-1 2016年全国"追寻红色记忆,亲子阅读同行"亲子绘本阅读推广月活动获奖名单

奖项	报送单位	案例名称
一等奖 (2个)	江苏省常熟市图书馆	首届"书香宝宝"亲子绘本阅读推广月活动
	重庆市万盛经济技术开发区图书馆	"追寻红色记忆 亲子阅读同行"绘本阅读系列活动
二等奖 (4个)	云南省昆明市图书馆	"阅动金秋——21天亲子阅读"
	江西省吉安市吉州区图书馆	《好饿的毛毛虫》亲子绘本创意分享会
	浙江省宁波市图书馆	亲子绘本故事讲读大赛
	北京市石景山区少年儿童图书馆	"追寻红色记忆 亲子阅读同行"
三等奖 (6个)	天津市河西区少年儿童图书馆	《亲子共阅读,书香伴成长》
	广西壮族自治区南宁市少年儿童图书馆	"经典红色绘本"亲子阅读月活动
	重庆市渝北区图书馆	亲子绘本阅读活动——《不屈之城》
	上海市长宁区少年儿童图书馆	"娃娃故事会"
	北京市西城区青少年儿童图书馆	纸戏剧《鸭子骑行记》
	重庆市长寿区图书馆	亲子故事会"猜猜我有多爱你"

续 表

奖项	报送单位	案例名称
优秀奖 (6个)	重庆市合川区图书馆	绘本剧"狼大叔的红焖鸡"
	重庆市酉阳土家族苗族自治县图书馆	"桃花朵朵开——听我们诵红色经典"
	内蒙古自治区包头市图书馆	"妈妈我爱您"
	陕西省图书馆少年儿童分馆	蒲公英绘本故事屋亲子剧《跑跑镇》
	重庆市石柱县图书馆	家庭绘本故事会"我的爸爸"
	辽宁省盘锦市少年儿童图书馆	"追寻红色记忆——亲子阅读同行优秀作品展演"
优秀 组织奖 (6个)	山西省图书馆	
	陕西省图书馆少年儿童分馆	
	上海市长宁区少年儿童图书馆	
	重庆市合川区图书馆	
	重庆市璧山区图书馆	
	重庆市少年儿童图书馆	

(三) 发展历程

"21天亲子阅读"活动最早由昆明市图书馆于2015年发起，活动开展当年就收到了良好的效果，参与家庭达236个，获得了广泛的好评和相应的荣誉。作为昆明市区域中心馆的昆明市图书馆在带动全市全民阅读推广的使命感驱使下，在基于昆明市公共图书馆总分馆体系建设的框架下，于2016年在昆明市文化和广播电视体育局的领导下，牵头推动了该项活动在全市范围内的开展，参与家庭激增为7 622个，参与家庭个数有了质的飞跃。

举办之初的活动方式为线下阅读、线上打卡，参与家庭每天聆听"21天亲子阅读"领读音频并在规定时间内完成签到打卡，不限阅读书籍、阅读时间，撰写阅读感言参与"每日亲子阅读感言"评选，获评"每日最美亲子阅读感言"的内容发布于各公共图书馆以及合作机构的微信公众平台上，最终参与各相应奖项的评选。此种活动形式当年在国内还未有其他地区开展，因此以其新颖性吸引着家长和儿童积极参与。2017年参与家庭突破万个，达到了10 975个，活动人群覆盖率和活动影响力不断提升。

2019年,在文旅融合大背景下,同时结合新中国成立70周年,把爱国主义教育融入儿童阅读活动当中的相关要求,昆明市图书馆对活动方式进行了创新,在原有活动方式的基础上融入了线下实地打卡环节,在全市范围内确定了30多个具有代表性、纪念性、有人文、历史、红色基因资源的地点,作为线下实地打卡点,通过阅读和旅行将人、书、馆、区紧密联系,让儿童和家长们通过"亲子阅读+实地打卡"的方式,在读万卷书、行万里路的过程中真正把阅读与旅游资源相结合,通过阅读与游学相结合的方式增加亲子阅读活动的趣味性和快乐体验感。同时通过线下实地打卡点的打卡游学,与打卡点线下分享会相结合的形式,让爱国主义的种子植根于儿童的心中,如图3-4所示。

图3-4 2019年"21天亲子阅读"活动朱德旧居线下分享会

2021年,"21天亲子阅读活动"在活动内容上再次进行了创新,按照"分类阅读、分组指导"的理念,参与家庭根据儿童不同年龄段加入相应组别,图书馆根据不同组别进行更有针对性的阅读图书推荐(图3-5)。活动在原有文字加图片形式的阅读感言分享基础上,同时接受音频、视频感言的分享。音频、视频感言分享的形式让孩子们可以通过语言表达,通过面对镜头畅所欲言,更自由地分享阅读感悟,不仅锻炼了文字写作能力,更锻炼了语言表达的能力和勇气。此外,活动还专门针对家长设计了父母课堂组别,对家长进行亲子阅读方法的科学指导、与孩子融洽相处方法的互动培训等等,让家长在活动中也收获颇丰,不断创新融入的新内容,再次让活动家庭持续增加,达到了创历史新高的13 081个。

图3-5　2021年"21天亲子阅读"活动颁奖仪式暨线下分享会

截至2021年,昆明市公共图书馆"21天亲子阅读"活动已成功举办7届。据统计,先后有全市范围内共计400余所中小学、幼儿园的5万多个家庭参与过该项活动,参与人数超过了15万人次。此外,在活动开展的7年历程中,着重对农村留守儿童和外来务工子女等特殊群体给予了相应的支持,采取组织专题活动进校园,并邀请儿童文学作家与孩子面对面交流、赠送优秀儿童读物等形式鼓励引导更多农村以及农民工子女参加公共文化活动,丰富阅读知识,培养良好阅读习惯,提升阅读涵养,对他们在勇敢表达、积极参与意识的提高方面提供了一个较好的平台,受到了家长、学校和社会的广泛认可。对昆明"爱读书、善读书、读好书"的良好舆论氛围和文明风尚形成起到了积极的推动作用。

(四) 活动品牌打造

品牌是一种名称、术语、符号或设计,或是上述总和。好的品牌运作就是以独特的产品或是服务取胜于竞争者。图书馆阅读活动品牌是指通过独特的内涵构建活动形象,丰富活动内容,创新活动方式、拓展活动外延,形成广为人知的系统性的、可持续开展、有推广价值和社会影响力的文化活动。昆明市公共图书馆"21天亲子阅读"活动持续开展7年来,通过活动方案的优化升级、活动形式的探索创新、广泛的社会力量合作、多媒体全矩阵的新闻报道、活动成效及社会影响力的集中体现等多维度的优化创新升级,以特别设计的专属活动品牌LOGO(图3-6),面向社会广泛传播的阅读推广公益广告为社会公众广为接受。已然成为昆明市儿童阅读推广的品牌活动,是公共图书馆开展亲子阅读活动的IP,是正面引导关爱未成年人阅读习惯养成的典范。

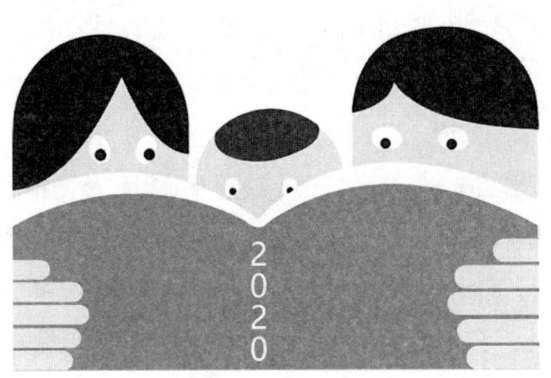

图3-6 "21天亲子阅读"活动LOGO

三、亮点特色

（一）荐读图书

活动从 2015 年开始至 2021 年 7 年时间里，在阅读图书推荐方面，经历了不限主题阅读、大范围主题阅读到分类阅读、分级指导的不断完善提升。

活动开始初期，以"儿童本位"理念为指导，阅读主题不限，将选择阅读书籍的权利交给孩子，鼓励家长尝试把自己变成一个"孩子"，用孩子的视角看世界，让孩子自己做主，喜欢读比读什么更重要。随后几年，活动确定了比较宽泛的阅读主题，倡导参与家庭阅读各类型优秀少儿读物、优秀绘本以及国内外经典名著。根据 2015 年至 2020 年对活动参与家庭选书情况统计的分析，发现儿童选择图书首要因素是自己的阅读兴趣，次要因素是老师推荐的书单，同学和家长的推荐对儿童选择图书也起到一定的影响。对于公共图书馆馆员推荐的图书认可程度并不高，这一问题也映射出目前图书馆馆员荐书业务能力有待进一步提升，对儿童阅读需求的了解以及与儿童的沟通交流也存在着较大的改善空间。

"21 天亲子阅读"活动从 2015 年开始之初就设计了阅读打卡环节，以此促进孩子养成持续阅读的良好习惯。其中，2019 年报名家庭 5 700 个，完成 21 天打卡的家庭 841 个，完成率为 14.74%；2020 年报名家庭 2 399 个，完成 21 天打卡的家庭 496 个，完成率为 20.67%；2021 年报名家庭 13 081 个，完成 21 天打卡的家庭 6 132 个，完成率为 46.88%。归纳部分家庭没有坚持完成 21 天活动打卡的原因，一部分家庭因为孩子和家长缺乏基本的选书能力，没有找到适合自己阅读的图书来实现亲子共读，导致丧失阅读兴趣；另一部分家庭，孩子确实对某一本图书产生了阅读兴趣，但是家长由于缺乏专业指导能力而不知如何与孩子根据书本内容进行发散性交流、讨论，致使孩子对阅读的热情有所减弱。这一统计结果从一个侧面印证了阅读图书的推荐在亲子阅读活动中的重要作用。

2021 年"21 天亲子阅读"活动书目推荐在总结前 6 年经验和不足的基础上，结合全民阅读活动的要求和出版物数量海量级增长的实际情况，重点突出了在阅读指导上分级分类切入的具体实践，着力解决活动家庭选书"焦虑症"的问题。从读者喜不喜欢、难度适不适合的角度出发，按照三个原则，探索为儿童与家长提供优质读物分级分类服务。原则一，科学性原则。2012年10月由教育部颁布的《3~6岁幼儿学习与发展指南》、2021年1月由国家卫生健康委颁布的《托育机构保育指导大纲（试行）》等文件要求为基础，结合市图书馆多年工作经验突出分级分类指导的科学性。原则二，全面性原则。依据昆明青少年、儿童的身心发展规律与阅读能力发展特点，分为幼儿、少年、青年、家长（成人）4个阅读等级，体现年龄上的全覆盖，分级分类切入阅读推广服务。原则三，数据化原则。依据图书馆借阅平台以及第三方阅读平台线上线下用户数据来源，合作确定分级分类阅读书单，实现阅读分级分类指导的精准化服务。以分级阅读理论为指导，按照孩子不同年龄段提供相应的推荐书目，阅读推荐也更具针对性、科学性。

根据以上原则，活动确定了4个组别的69本图书作为推荐书目向家长和儿童进行阅读推荐。

幼儿组推荐内容以绘本为主，分别为：《我不知道我是谁》《吃书的狐狸》《小怪兽也刷牙》《我们的身体》《是谁嗯嗯在我的头上》《肚子里有个火车站》《卖爸爸妈妈的商店》《爸爸的头不见了》《我的祖国》《你好啊，故宫》《恐龙是怎么来到博物馆的》《都是放屁惹的祸》《真菌：伞下的秘密》《森林大熊》《蜜蜂》《一粒种子的旅行》《给孩子的艺术启蒙书》《石头剪刀布传奇》《老虎来喝下午茶》《爷爷一定有办法》《五个小英雄》。

小学组推荐内容以桥梁书为主，分别为：《狼王梦》《夏洛的网》《挫折万岁》《柳林风声》《列那狐的故事》《秘密花园》《宝葫芦的秘密》《窗边的小豆豆》《闪闪的红星》《小兵张嘎》《神奇树屋》《昆虫记》《海底两万里》《迁徙：不可思议的动物之旅》《微生物的秘密战争》《这就是二十四节气》（上、下）《城南旧事》《追风筝的人》《王尔德童话》《天蓝色的彼岸》。

中学组推荐内容以世界名著和儿童文学为主，分别为：《傅雷家书》《茶馆》《一条狗的使命》《哈利·波特与魔法石》《哈姆雷特》《老人与海》《雾都孤儿》《建筑的故事》《红星照耀中国》《红岩》《八十天环游地球》《92种元素组成神奇宇宙》《地心游记》《极地重生》《DK狂野地球》《纳尼亚传奇·狮子、女巫与魔衣柜》《牧羊少年奇幻之旅》《麦田里的守望者》《金银岛》《肖申克的救赎》《假如给我三天光明》。

父母课堂：阅读内容以亲子教育书籍为主。推荐书单为：《正面管教》《父母的语言》《好妈妈胜过好老师》《关键期关键帮助》《如何培养孩子的社会能力》《你就是孩子最好的玩具》。

63本适合不同年龄段儿童阅读的图书以及6本向家长推荐的图书，给了参与家庭较大的选择余地，让家长和孩子避免了由于自己不专业带来的选书困扰。同时通过分类阅读，分组指导的方式给家长提供了指导孩子阅读的科学方法，给孩子带来阅读适合自己年龄段图书的阅读兴趣。2021年的"21天亲子阅读"活动效果从报名参与人数、完成打卡家庭、提交阅读感言等数据上看，明显好于往年。未来，将加大分级分类指导的精准化服务探索、实践的力度，具体而言，就是要在按年龄分级分类的基础上，从图画信息、文学信息、文字信息等方面，从语言发展、思维发展、情感认知、社会行为等多个维度，综合考量进行分级，确保阅读推广根据针对性、实用性和价值性，形成自身独有的阅读指导管理特色。

（二）参与对象

基于亲子阅读的定义，亲子阅读活动的参与对象应该以家庭为主，在活动过程中家长和孩子都需要发挥各自的角色作用来提升亲子阅读活动的参与感、获得感以及成就感。"21天亲子阅读"活动7年来参与对象经历了从以孩子为中心、父母辅助陪伴到设立父母课堂强化父母在活动中的重要作用的发展过程。

1. 未成年人

活动自2015年起，一直提倡"儿童本位"，强调在阅读过程中以孩子为中心，家长辅助陪伴阅读。在这个过程中，更多的是激发孩子的阅读兴趣，养成孩子的阅读习惯，让孩子树立正确的阅读理念，帮助孩子能够成为自觉的、独立的阅读者。

根据2015年至2020年活动报名数据分析，来自小学组的成员占比为57.7%，来自幼儿组和中学组的成员占比分别为45.3%和2%。

2021年小学组的成员占比为47.92%，幼儿组的成员占比为37.97%，中学组的成员占比为5.83%，父母课堂的成员占比为8.28%。影响因素涉及阅读兴趣、老师推荐、家长重视阅读意识提高、全阅读推广影响力度加大等。

2. 家长

父母也是亲子阅读过程中的重要参与个体，但是由于部分家长没有掌握开展儿童阅读指导的技能和方法，不知道如何与孩子进行有效的阅读内容交流沟通。加之活动持续 21 天的时间，对于亲子阅读家庭来说，家长和孩子都需要经历顺从、认同、内化 3 个不断升华的阶段，如果家长没有充分的思想准备和对于亲子阅读的清晰认识，很容易让家长的阅读陪伴变成阅读监督，从而失去亲子阅读的真正意义，弱化了轻松愉快的陪伴、答疑解惑的指导以及和谐融洽的氛围这些亲子阅读的内涵，背离了活动开展的初衷。

从 2021 年"21 天亲子阅读"活动增加"父母课堂"打卡组别的初步尝试以及活动效果来看，家长在亲子阅读活动中所承担角色的重要性越来越得到重视。通过问卷调查分析，家长的年龄、受教育程度、职业等因素都对亲子阅读过程中的收获有深远影响。因此，在 21 天亲子阅读过程中，思想上，家长不仅要提高对亲子阅读内涵的认知，还要对亲子阅读的目的和意义有清晰的认识，需要重点关注亲子阅读过程中家庭收获的陪伴、快乐、体验和知识积累，而不是有过强的功利心，一定要得奖或仅为提高孩子的阅读能力以及写作水平。行动上，家长要努力学习掌握基本的亲子阅读指导方法和技能。针对诸如孩子兴趣不高、阅读有障碍等情况运用一定的指导策略，鼓励孩子重拾阅读兴趣。家长要以身作则，真正陪伴孩子喜欢上阅读。同时，家长要提高选书荐书能力，为孩子选择既适应孩子年龄，又适应孩子性格特征的优秀读物，保护好孩子的阅读兴趣。

（三）领读者

为体现公共图书馆在"21 天亲子阅读"活动中荐读图书的专业水平，同时对亲子阅读活动参与家庭进行科学的阅读方法指导、儿童教育理念指导、儿童心理活动指导，活动以具有仪式感的专家领读形式，在活动 21 天时间里，每天在活动官方微信平台及活动微信群里向参与活动的家庭以及社会公众进行导读和阅读推荐，同时进行阅读理解上的专业指导。在实现上述目的的同时，利用领读者自身在各自行业内的专业引领作用和名人效应扩大活动品牌宣传力度，提升活动的群众知晓率。领读者多属于以下几个社会阶层。

1. 社会名人

为体现亲子阅读活动的专业指导作用，同时利用名人效应扩大活动影响力与知晓率，活动先后邀请了中国台湾著名童诗、童话、绘本作家方素珍，多篇作品入选部编人教版、北师大版、语文出版社等不同版本小学语文教科书的著名儿童文学作家吴然，曾获"冰心儿童图书奖""冰心儿童文学新作奖"及《儿童文学》全国十大魅力诗人"等数十项奖项的云南省作家协会副主席、云南省作协儿童文学委员会主任汤萍，著名探险家、策划人金飞豹等多位社会名人担任活动每日领读者。

社会名人领读，除了体现活动的荐读、领读专业性外，也发挥了这些专家的名人效应，对活动的宣传推广起到了极大的推动作用。

2. 行业精英

为深入挖掘中华优秀传统文化蕴含的思想观念、人文精神、道德规范，结合时代要求继承创新，让中华文化展现出永久魅力和时代风采，把社会主义核心价值观融入社会发展的各个方面。"21天亲子阅读"活动邀请到了包括自然教育践行者王愉，著名茶文化师、作家王迎新，老虎文化创立者、云南电视台《读书》节目主持人虎良灿，媒体人、漫画家、漫塑家李传志，建筑设计师、独立书店——大象书店创立者杨雄等在内的一批常年坚持爱心公益事业的昆明好市民、来自昆明市的中小学各学科的名师、中国好少年、科学工作者、设计师、文化学者、广播电视名嘴、自然教育工作者、艺术家等作为领读者。他们结合自己在各自领域的经历，讲述他们的阅读体验与感悟，推荐自己心仪的经典图书，领读经典中难忘的篇章，借此引导全市儿童、青少年树立积极、健康、富有远大理想的阅读、学习与生活态度。

行业精英领读，让这些既是人们身边的平常人，又代表着社会高度认可的优秀人才以其正面的宣传形象向儿童传达着积极向上的社会主义核心价值观。

3. 本土儿童文学作家

爱祖国从爱家乡开始，爱国主义教育是公共图书馆儿童阅读推广的重要使命之一，乡土文学的本质上就是一种故乡情结，是一个地区社会氛围、人文气息、生活习惯的文化表现形式，爱国主义教育的一种重要的形式就是对故乡的热爱。"21天亲子阅读"活动邀请了包括作家吴然、汤萍、湘女、汤琼、余雷、刘珈辰、吕翼、沈涛、蒋蓓、和晓梅、杨保中、李秀儿、曾艳萍等在内的21位云南本土儿童文学作家作为活动的领读者，在领读过程中，作家们推荐自己的儿童文学作品，介绍自己阅读、学习的心路历程以及写作的时代背景，引导儿童了解乡土文学、领悟乡土文学的魅力，在感悟书中描写的故乡美丽风光与迷人故事的同时，激发儿童热爱家乡、热爱祖国的爱国情怀。

本土作家领读，让浓郁乡音、乡情通过作家们的领读真实地让孩子们能感受到，让作品中孩子们熟悉的家乡美景、风土人情、美丽故事通过作家自己的亲口诵读给孩子们以亲切的感受，更能激发孩子的学习热情与学习兴趣。

4. 公共文化服务机构工作人员

作为公共文化服务机构的工作人员，为儿童推荐阅读图书既是业务工作的具体要求，也阅读推广的使命担当。几年来，昆明市14县（市）区公共图书馆、文化馆、博物馆馆员先后参与到"21天亲子阅读"活动的领读荐书行列中来，以领读者、阅读推广人的身份向儿童及家庭推荐阅读图书，从专业的角度为他们挑选推荐适合阅读的图书，同时进行科学阅读方法的指导培训，让参与活动的家庭既获得了阅读的快乐，又收获了阅读的方法。

多年来，通过多领域领读者从多角度向活动参与家庭进行的阅读图书推荐、阅读感悟分享、阅读方法指导、经典片段领读，起到了积极的阅读示范引领作用，同时在阅读推荐人对此项活动的认可下，昆明市针对未成年人的阅读推广活动也越做越有品质，带动了越来越多的家庭积极参与到此项活动中来，成为践行全民阅读的一分子，助力了昆明市全民阅读活动品牌的"落地开花"。

以下是2017、2018年度"21天亲子阅读"活动部分领读者的自我介绍。

2017年"21天亲子阅读"活动领读者自我介绍

第一天领读者——沈吟涛

我是来自本次"21天亲子阅读"活动的主办单位——昆明市图书馆的一名副馆长。我很荣幸自己从事着一份与读书有关的文化工作，也非常乐意用自己的专业知识为大家找好书、读好书、品好书。

第二天领读者——潘上九一家

无人物简介。

第三天领读者——刘伟

我就职于云南广播电视台，是一位从业迄今已33年的播音员、主持人，先后在云南人民广播电台、云南电视台主持过形态多样、内容丰富的广播电视节目，多次荣获中国广播电视奖、"五个一工程"奖、云南省广播电视政府奖、中国电视节目主持人"荧屏之星"等称号和奖项，也是云南省朗诵学会常务副会长，云南省演讲学会副会长。

第四天领读者——汤萍

我是来自云南昆明的儿童文学作家，因为喜欢写神奇好看的童话和魔幻小说，所以，小读者们亲切地称呼我为魔法姐姐。我为小读者们写了《魔法姐姐的魔法书》系列、《魔法少年罗西》系列、《树精灵之约》《透明心石》、童诗集《小天使幻想曲》等50多部作品。在作品中，和小读者们分享喜怒哀乐，共同追求真善美，共同面对困难和挫折，去感受生命的诗意和美好，去陪伴你们成长，是我最幸福的事。

第五天领读者——王愉

我是云南在地自然教育中心的负责人，我平时做的事情是带领孩子和成年人在自然中，体验自然的美好、学习自然的智慧，成长为为自然保护而努力的人。

第六天领读者——王迎新

我是来自云南昆明人文茶道传习馆的茶道美学导师，传习馆在20楼，所以我们也经常说自己是在白云间吃茶习茶。从2006年至今，我写了4本书，都是和中国茶文化有关的书籍，每一本书里都包含着我走过的山水、遇见的人和喜欢的茶，这些过程美好而芬芳，像一盏清茶陪伴着我。

第七天领读者——李润月

我来自云南师大附小，是一名纳西族小学语文老师。从遥远美丽的乡村小学，一路走到了昆明，不知不觉已经当了27年的"孩子王"。作为一名普通的语文老师，我感到最幸福的事情，就是可以和那么多的孩子、家长分享很多很多的好书。喜欢阅读的人，永远不会孤独。喜欢阅读的人，会永远保有一颗最美的童心。

第七天领读者——赵传

小时候，我生活在农村，泥巴、蚯蚓、蚂蚁、炊烟、小溪、谷堆构成了我童年生活的画面！现在，我是云大附中的一名物理老师，学生的纯真让我常常想起小时候的故事：用泥巴来制造汽车和手枪，站在路边傻看着蚂蚁搬家，用小木棍把蚯蚓一分为二，沿着墙角追赶小壁虎，在小溪边脱光了衣服和伙伴们嬉戏！生活是有压力的，每当感觉累的时候，我会翻开一本书开始阅读，阅读能让我回到童年，阅读能让我内心趋于平静，阅读让我懂得敬畏世间万物！

第八天领读者——虎良灿

我是昆明老虎文化顾问机构的总经理，很多年来我一直在做着关于图书和读书的事情，包括原来在云南电视台《读书》栏目担任记者、编辑和主持人，后来做了老虎文化顾问机构之后，又出版了很多图书，也创办了"老虎图书"微信公众号，推荐了很多经典的图书和新书。

第九天领读者——孙云燕

我任职于云南广播电视台，主持过多种类型的广播节目，创办了云南台持续时间最长的读书节目——《书海扬帆》，在电波中访问了近千位国内知名的学者、艺术家、诗人、作家、音乐家、科学家。这个节目中的许多作品多次获得中国新闻奖、中国广播影视大奖、中国广播文艺奖一等奖。最近这些年，由于当妈妈的缘故，我开始与一些好朋友慢慢尝试着研究并在生活中践行博雅教育的理念，基于这个原因，我们在去年创办了云南首家博雅教育机构——天使的书房。

第十天领读者——李传志

童年的我，受那个时代的巨大影响，很想当一个爱迪生式的大发明家，长大后实现了一小点：当了几年的工程师，可后来发现，自己真正喜欢的是写字、画画，于是，放弃了工程师的"枯燥"事业，成了一个每天写字画画、以给大家带来一些更直接的小知识和欢乐为职业的手艺人。我做过很多职业——平面设计师、插图师、杂志编辑、工艺品设计师、自由撰稿人、甚至电视节目主持人等等，作为一个杂到家的码字工、绘画师和耍嘴皮子的主持人，能让我在各种工作间快速转换角色并且基本不丢人的做好事情的基础，一部分是源于我从不满足的好奇心，更大的一部分，就是我为填充自己好奇心、有时候也是好胜心而坚持不懈的读书习惯。

第十一天领读者——俸刚

我的职业很多样化，首先我是一个设计师和插图画家，同时也是艺术项目策划人，另外我还做一件很"甜蜜"的事情，我负责云南喜马拉雅蜂蜜出口欧洲的工作，所以我的女儿小名就叫小蜜蜂。

第十二天领读者——罗文兵

我是来自昆明市第十二中学的一位生物老师，就是带领学生探索丰富多彩的植物、动物和各种看不见的微生物生命奥秘的老师，当然我最喜欢的是各种鸣叫、跳跃、飞翔、打洞、游泳的昆虫。

第十三天领读者——金飞豹

我是云南省政协常委、中国探险协会常务副主席、著名探险家、秘境百马创始人、"清洁珠峰"环保活动发起人，是国内完成"7+2"（登顶世界七大洲最高峰和徒步到达南北两极）、穿越格陵兰、穿越撒哈拉、完成七大洲极限马拉松的第一人。长期以来我把读书当成生活中不可缺少的重要部分，读书让我的人生充满了无穷的快乐，读书让我的精神世界充满着无限的想象……如何培养孩子对阅读产生良好的兴趣，父母应该陪同孩子一起阅读，阅读那些启蒙孩子心智的书籍，鼓励孩子多读书、读好书……通过一段时间的亲子阅读让孩子养成良好的习惯，而这个阅读习惯会是孩子终身受益的学习方式。

第十四天领读者——刘亚萍

我是云南广播电视台少儿频道的节目主持人亚萍姐姐。我觉得自己很幸运也很幸福能够从事和孩子亲密接触的职业。因为孩子是最天真快乐也是最神奇美妙的一个人群。而作为少儿电视传媒的从业者，我也更感到责任和神圣。因为孩子是一池纯洁无瑕的水，我们的一点轻微的举动都会在这池水中激起波澜甚至让水变得浑浊不堪。因此，我希望为孩子们传播有意义、有精神、有价值、有梦想的作品引导孩子们成为最强的中华少年！

第十五天领读者——费宣

我是一个地矿工作者。现在是云南地质学会的名誉主席。我热爱科学、热爱大自然、喜欢读书、喜欢探险。多少年以前，我拿着地质锤，几乎走遍了云南的山山水水。近些年来，我有幸徒步穿越了非洲撒哈拉大沙漠、徒步穿越了格陵兰大冰盖、徒步到达了地球北极点，并成为完成这些活动的第一个中国人。我也有幸成为攀上 7300 米海拔高度山峰年龄最大的中国人。在旅行探险的路上,我把融入其中的大自然当作一个课堂,把自己读过的书、学过的知识,和眼前的一切结合起来,互相交融、互相印证,感到知识得到了提高、灵魂得到了升华!从而更加增强了行走和读书的兴趣!真正地体会到了"读万卷书,行万里路"的乐趣!

第十六天领读者——倪涛

我 1990 年毕业于云南大学中文系新闻专业,先后在云南人民广播电台几个频率,做过记者、编辑、主持人。业余爱好旅行和写作,出版过几本书,发表文字 100 万字以上。现在我在云南省民族艺术研究院工作,是二级文学编辑。

第十七天领读者——杨雄

我是来自美丽的泸沽湖畔的藏族建筑师,也是昆明独立书店大象书店的创办人。做建筑师盖房子是我一生的梦想,开书店是我认知世界的窗口。我的故乡虽然美丽,却非常的偏远和闭塞,小时候的我只能通过读书去了解更多外面的世界,阅读也激励了自己想要走出小县城,去书写丰富多彩的未来。

第十八天领读者——孙瑾姝

身为父母,能送给孩子最好的礼物就是你的时间和心无旁骛的关注,随着时光的流逝,你也许会反思自己的人生,后悔自己在有些事情上投入太多,但做父母的永远都不会说,我觉得在孩子小时候陪伴她的时间太多了。

我是 21 天亲子共读的领读者——孙瑾姝,一位 7 岁小女孩的妈妈。陪伴女儿成长的 7 年,我是一个亲子阅读的践行者,2 000 多天的陪伴,上千本绘本,书成了女儿和我最好的朋友。希望我们都能用朗读打败时间，成就孩子们丰富的生命。

第十九天领读者——顾中国、艾宣睿

我是昆明理工大学离退休工作处的一名教职工，从部队转业，10多年来工作兢兢业业，立足岗位，以爱心、耐心、细心和热心，为离退休教职工做好服务工作，赢得大家的称赞。为此，萌生了在业余时间把这份爱心延伸到春城的各个角落的念头，因一个人力量有限，所以我借网络发动大家参与，共同传递爱心。我在2010年1月创立"昆明之美"网络公益团队，网聚爱心，帮助更多需要帮助的人。

我是关上实验学校初一年级的艾宣睿，我生长在一个普通而友爱的家庭，我的爸爸艾庆玮是一名肢残人士，就职于官渡区残联。我的妈妈李俊萍在官渡大酒店工作。我从四岁开始就跟爸爸参加"昆明之美"公益活动，至今已有8年，公益团队的伙伴们调侃我是公益团队的"老司机"。今年（2017年）我被评为中国好少年。在别人眼里，我很优秀！其实对比很多优秀的志愿者，我做得还不够。公益是一盏暖心的灯，微光而醒目的公益，我不止步。

第二十天领读者——王苹

从2000年开始，我一直在昆明电台FM 100.8《精彩文萃》节目里给大家读书，17年来已经播读了400多部中外文学经典名著和现当代优秀文学作品。侍弄着一档文学节目，对我是一种无法被征服的寂寞的美、单纯的美。书是我们一辈子最可信赖的朋友，只要愿意亲近它，它永远也不会抛弃你。

第二十一天领读者——赵露

我是第21天的领读者赵露，来自昆明第一中学，从事高中语文教学 10 多年。

2018 年"21 天亲子阅读"活动领读者自我介绍

第一天领读者——吴然

我是一名儿童文学作家,主要给孩子们写散文。冰心老人曾经说,我的散文,"朴素自然",她"很欣赏"。我的作品,有些被选入小学语文教科书。我想用我的笔、我的作品,把我们美丽的母语种植在孩子们的心里,唤起孩子们对祖国、对我们家乡云南的热爱。

第二天领读者——魔法姐姐汤萍

我是一名儿童文学作家,因为擅长写神奇好看的魔幻故事,被小读者亲切地称为"魔法姐姐""魔幻汤",著有魔幻小说《魔法少年罗西》等多个系列的作品,至今出版了 50 部作品。作品曾获"冰心儿童图书奖""冰心儿童文学新作奖",连续两届获《儿童文学》全国十大魅力诗人等数十项奖项,获云南德艺双馨青年作家称号等。中国作家协会会员、云南省作家协会副主席、云南省儿童文学委员会主任、政协云南省第十二届委员会委员、云南省委组织部联系专家等。

第三天领读者——汤琼

我是一名儿童文学作家及手工艺书作家,著有科幻小说《守星人》、绘本《小淘气米朵》系列五本、魔幻长篇小说《魔镜·心玉》、幻想文学集《海底蒲公英》、传统工艺生活美学书《草木·色——植物染笔记》等作品。

第四天领读者——刘珈辰

我是一名儿童文学作家,也是一名出版社的编辑,曾经编辑过不少儿童图书。我喜欢写作和动物相关的小说、童话，比如曾经获奖的《猫冰花》，也很喜欢写作儿童益智历险小说。我的最新作品是儿童益智历险小说《CC侦探》丛书。这套书的主人公是3名勇敢、智慧的中学生——小龙、小虎和阿朵。我以这3位小主人公为主角，已经创作了很多故事，《CC侦探》是其中一部分。

第五天领读者——吕翼

我是一名儿童文学作家，我在昭通日报社工作，是中国作家协会会员、鲁迅文学院第十五届高研班学员。这些年来，我在《中国作家》《民族文学》《青年文学》《大家》《边疆文学》等发表小说多篇（部），有作品入选《小说月报》《作品与争鸣》等。获过云南省文艺精品创作奖、云南省德艺双馨青年作家奖、云南省优秀期刊编辑奖、云南省少数民族文学精品奖等三十多次。在儿童文学创作方面，长篇小说《疼痛的龙头山》获第八届"云南文化精品工程奖"，短篇小说《鹤儿飞呀飞》入选《2016年度中国儿童文学精选》，获"云南省2017年度优秀文学作品奖"。

第六天领读者——蒋蓓

我是蒋蓓，现在一所高校任教，是小读者们的大朋友。我自己创作的一部少儿小说集《我却想要多看看树》，把自己在云南许多地方游历的所见所闻写成了故事，讲述生活在城市、乡村的孩子们各自现实环境与心灵世界中的冷热阴晴，描绘人格品质中的善良和坚毅，抒写生命旅途中的温暖和希望，期待能与每一位读者共同守护一个信念——"灿然地成长"！

第七天领读者——李秀儿

我是李秀儿，是云南作家协会会员、昆明作协会员、昆明儿童文学研究会、呈贡作协理事。从 2008 年起，我在《中国作家》《散文》《少年文艺》等报刊发表散文、小说等文学作品，出版个人作品专著《随风行走》《站立起来的大江》，长篇小说《两个少年的长征》《平娃的墓园》，长篇小说《花山村的红五星》。其中长篇小说《花山村的红五星》被《中华读书报》评为"2016 年十佳童书"。

（四）亲子阅读感言分享

亲子阅读不仅需要"阅读"，更需要"表达"，通过撰写参与活动的亲身感受和实际收获，梳理阅读思路、记录阅读体验和阅读历程，抒发阅读感悟，总结阅读经验，有助于提高阅读及写作、表达能力、增加阅读信心、坚韧意志品质、获得阅读快乐。"21 天亲子阅读"活动鼓励参与家庭积极撰写发表亲子阅读感言，感言发布采用"文字+图片"的形式，内容可以是所读书目的读后感，也可以是参与该项活动过程中家长或者孩子的切身感受，以及通过参与活动受到的启示和感悟，配以亲子共读的照片。主办方通过层层筛选评选出"每日最××感言"，通过多个平台渠道进行发布展示（图 3-7、图 3-8），以鼓励阅读分享，同时引起更多人群的共鸣，从而影响阅读氛围的形成，并且作为参与最后奖项评选的依据。

1. 每日最"××"感言分享

每年活动开展的 21 天时间里，主办方都会从每天发来的阅读感言中筛选出内容新颖独特、撰写较为认真或是感悟深刻的感言或加以概括总结，或按人群分别归类，再分享到社群中供所有参与家庭共享交流，例如：最"模范"分享——"父亲是家庭中不可缺少的重要角色，在这次活动中，看到那么多爸爸的积极参与，我们感觉很欣慰，更要为这位在工作岗位上陪伴孩子的父亲点赞！"；最"励志"分享——"一本经典母爱故事，每个妈妈心底的共鸣，逃与不逃，妈妈的爱，如影随行！"；最"快乐"分享——"广西妈妈，力挺伴读！不在乎形式、结果，只享受阅读的快乐！"；最"知足"分享——"有书，有父母，就是我小小的幸福"。7 年的活动当中，每日阅读感言分享一直是每个参与家庭最喜爱也最认真对待的一个环节，它不仅是每天亲子阅读感悟的记录，也是家庭亲子陪伴的温暖记忆。

第三章　公共图书馆亲子阅读活动的昆明模式

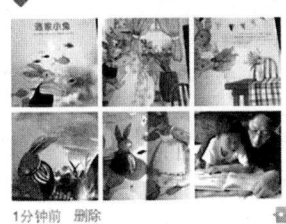

图3-7　"21天亲子阅读"活动阅读感言分享截图

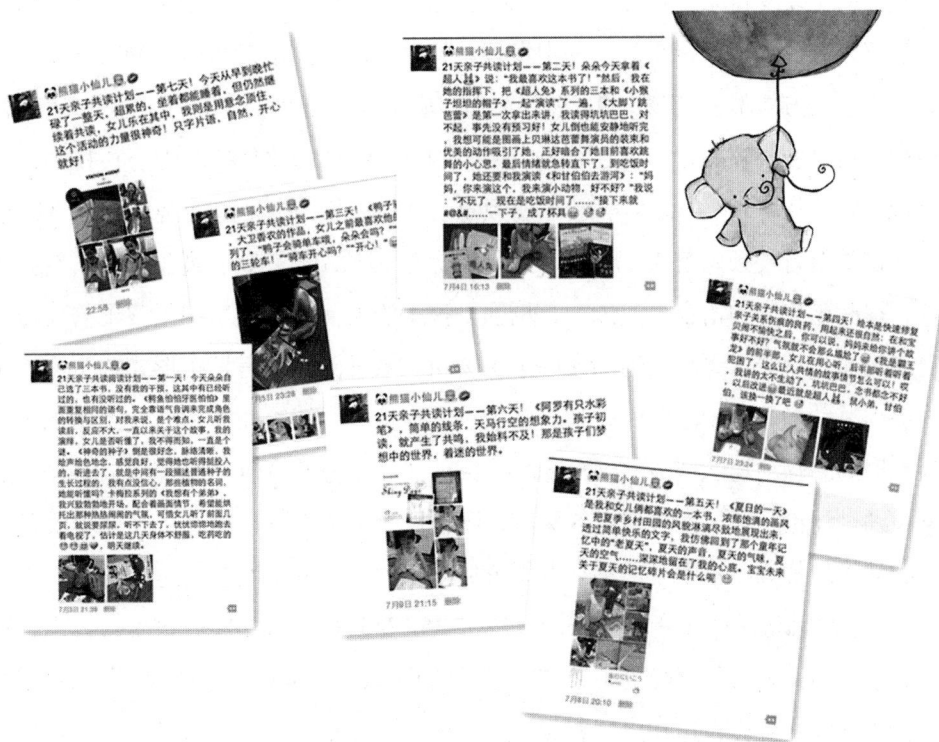

图3-8　"21天亲子阅读"活动阅读感言分享截图

· 55 ·

2. 实地打卡点游记分享

自 2019 年起,在"亲子阅读+实地打卡"环节,在原有亲子阅读感言分享的基础上增加了线下实地打卡点游记的分享,在 30 多个线下打卡点的支撑下,鼓励参与家庭在阅读之余积极走出家门,到这些打卡点进行旅行游学,并且撰写旅行游记,参与主办方组织的最美游记评选。2019 年到 2020 年,共计收到 400 多篇旅行游记,在亲子阅读感言撰写上实现了一次内容与方式的创新。

3. 亲子阅读感言发布形式探索

2020 年,从数据上看,发表亲子阅读感言数量较前几年有所减少,通过调查问卷发现,不少参与活动的孩子年龄偏小,无法撰写文字形式的阅读感言,多数是家长模仿孩子的口吻撰写阅读感言,孩子在参与活动过程中的参与感下降,造成部分家长没有坚持发表亲子阅读感言。针对这一问题,主办方于 2021 年策划"21 天亲子阅读"活动时,着重对亲子阅读感言发表的形式进行了探索研究,实现技术平台支持亲子阅读感言以文字、图片、视频、音频、画图的方式展现。从最终效果及后期跟踪采访过程中发现,针对低龄段儿童发布感言的方式中,音频、视频的方式最受青睐,有些儿童通过录制视频感言,发掘了自己的表演欲望,对自己要求较高,录制不满意还会再重新录制。2021 年该活动共收到幼儿组音视频感言 3 368 条,小学组音视频感言 4 929 条,中学组音视频感言 82 条、父母课堂组音视频感言 45 条,共计 8 424 条音视频阅读感言。通过录制音视频感言,提升了孩子的语言表达能力,增强了孩子的自信心,也增加了孩子与父母的交流沟通,营造了更加和谐的家庭亲子关系。亲子阅读感言发布形式的丰富,也为该项活动增彩不少。同时,亲子阅读感言支持互动评论和点赞,大大增加了参与家庭间的互动沟通交流,部分在亲子阅读或者家庭教育方面有思考、有想法的家长通过评论互动区发表自己的见解,既帮助到了别人,也得到了其他家长及孩子的认可与赞许,在整个活动社群里形成了热烈讨论和良性互动的氛围。

7 年的活动,共计分享亲子阅读感言 265 740 篇,精选亲子阅读感言 16 674 篇。亲子阅读感言分享受到了参与家庭、幼儿园、中小学以及社会各界的高度认可,也以此向社会表达和分享着阅读的快乐,影响着周围越来越多的人不断加入亲子阅读乃至全民阅读的行列。

（五）线下实地打卡

2019年起，在文旅融合的大背景下，同时紧扣庆祝中华人民共和国成立70周年的主题，主办方确定了全市范围内15个公共图书馆及21个具有代表性、纪念性、有人文、历史、红色基因资源的地点作为活动的线下实地打卡点，采取"亲子阅读+实地打卡"的方式在儿童中开展历史文化以及革命传统教育，引导未成年人传承中华优秀传统文化、铭记历史、崇尚革命英雄、继承革命事业。按照"走路线、看变化、受教育"原则，将红色旅游线路打卡与"21天亲子阅读"活动相结合，通过阅读和旅行将人、书、馆、区紧密联系，带动全市范围内阅读与旅游资源相结合。让儿童和家长们通过"亲子阅读+实地打卡"的方式，在读万卷书、行万里路的过程中真正把阅读与旅游资源相结合。主办方创新设计了极具纪念与保存价值的"春城文化节——'21天亲子阅读'活动游学护照"以及实地打卡点印章。参与家庭根据实地打卡一览表，自行选择去到实地打卡点，通过扫描现场"实地打卡二维码"完成实地打卡。通过实地参观、拍照的方式积累写作素材，撰写旅行游记，参与"最美旅行游记"评选。每个参与家庭可在任意1个实地打卡点领取1本"游学护照"，每参观游览一个点可在"游学护照"上加盖一个实地打卡点印章保存留念，此举增强了参与活动的仪式感和趣味性。"21天亲子阅读"活动游学护照及线下实地打卡点、二维码分别如图3-9至图3-12所示。

图3-9 "21天亲子阅读"活动游学护照封面

图3-10 "21天亲子阅读"活动游学护照内页

图 3-11 2020 年"21 天亲子阅读"活动线下活动实地打卡点二维码　　图 3-12 2019 年"21 天亲子阅读"活动、线地实地打卡点二维码

1. 公共图书馆

公共图书馆作为公共文化服务体系的重要组成部分，承担着区域内阅读推广的主要职责。将辖区内省、市、县三级公共图书馆列为线下实地打卡点，目的是为了向社会公众宣传图书馆，让更多的家庭带领儿童走进图书馆，了解图书馆，从而爱上阅读，学会利用图书馆获取更多的知识与信息。活动设立了 15 个昆明市辖区内的公共图书馆作为线下实地打卡点。

下文对 2019 年、2020 年"21 天亲子阅读"活动线下实地打卡点进行了简单介绍，并列举了作为实地打卡点的公共图书馆开展的部分与儿童阅读相关的品牌活动。2019 年、2020 年春城文化节"21 天亲子阅读"活动实地打卡点一览表如表 3-2 所示。

云南省图书馆：位于昆明市翠湖南路 141 号。国家一级公共图书馆，馆舍建筑面积 3.26 万平方米。全国文化信息资源共享工程云南省分中心、国家古籍保护中心云南省分中心、国家数字图书馆云南省分馆。"21 天亲子阅读"活动云南省图书馆印章如图 3-13-A1 所示。

第三章 公共图书馆亲子阅读活动的昆明模式

图 3-13-A1　云南省图书馆"21 天亲子阅读"活动打卡印章

昆明市图书馆：位于昆明市环城东路 663 号。国家一级公共图书馆，馆舍建筑面积 8 000 平方米。全国"文化信息资源共享工程"市级支中心、云南省古籍保护中心昆明市支中心、昆明市公共图书馆区域中心馆，统筹全市"农家书屋工程"建设。承办昆明市公共图书馆"21 天亲子阅读"活动及一系列儿童阅读推广活动。"21 天亲子阅读"活动昆明市图书馆印章如图 3-13-A2 所示。

图 3-13-A2　昆明市图书馆"21 天亲子阅读"活动打卡印章

五华区图书馆：位于昆明市东寺街 114 号。国家一级公共图书馆，馆舍建筑面积 11 127.78 平方米，五华区图书馆总馆。五华区图书馆定期开展"五华讲坛"、电影欣赏、冬至雅集、少儿暑期培训活动班等面向辖区内少年儿童的阅读推广活动。"21 天亲子阅读"活动五华区图书馆印章如图 3-13-A3 所示。

图 3-12-A3　五华区图书馆"21 天亲子阅读"活动打卡印章

盘龙区图书馆：位于北京路 616 号。国家一级公共图书馆。2008 年 1 月加挂"昆明少年儿童图书馆"牌子。馆舍面积 5 000 平方米，盘龙区图书馆总馆。盘龙区图书馆定期开展"小桔灯"系列活动、盘龙江畔话好人讲故事比赛、少儿书评与推荐、少儿科普活动等面向辖区内少年儿童的阅读推广活动。"21 天亲子阅读"活动盘龙区图书馆印章如图 3-13-A4 所示。

图 3-13-A4　盘龙区图书馆"21 天亲子阅读"活动打卡印章

官渡区图书馆：位于官渡区季宏路云秀书院内。国家一级公共图书馆，馆舍建筑面积 5 860 平方米，官渡区图书馆总馆。官渡区图书馆定期开展绘本阅读夏令营、官图公益课堂——"书香少年"阅读夏令营、官渡区"书香家庭·幸福阅读"系列活动、"心灵脚印·我的书签"少儿书签设计比赛等面向辖区内少年儿童的阅读推广活动。"21 天亲子阅读"活动官渡区图书馆印章如图 3-13-A5 所示。

图 3-13-A5　官渡区图书馆"21 天亲子阅读"活动打卡印章

西山区图书馆：位于西山区兴苑路 1089 号昆明第一中学西山中学内。国家一级公共图书馆，馆舍建筑面积 4 500 平方米，西山区图书馆总馆。西山区图书馆不定期开展亲子阅读指导、绘本阅读分享等形式的亲子阅读推广活动。"21 天亲子阅读"活动西山区图书馆印章如图 3-13-A6 所示。

图 3-13-A6　西山区图书馆"21 天亲子阅读"活动打卡印章

呈贡区图书馆：位于呈贡区置信银河广场 C 座 26 楼。国家三级公共图书馆，馆舍建筑面积 2 000 平方米，呈贡区图书馆总馆。呈贡区图书馆定期开展"书香呈贡　悦读童年"亲子绘本阅读活动、心灵成长及家庭教育讲座等形式的亲子阅读推广活动。"21 天亲子阅读"活动呈贡区图书馆印章如图 3-13-A7 所示。

图 3-13-A7　呈贡区图书馆"21 天亲子阅读"活动打卡印章

晋宁区图书馆：位于晋宁区昆阳大街 509 号。国家三级公共图书馆，馆舍建筑面积 1 748 平方米，晋宁区图书馆总馆。晋宁区图书馆定期开展"小书包"阅读推广、"爱阅读·亲子读书会"等形式的亲子阅读推广活动。"21 天亲子阅读"活动晋宁区图书馆印章如图 3-13-A8 所示。

图 3-13-A8　晋宁区图书馆"21 天亲子阅读"活动打卡印章

安宁市图书馆：位于安宁市大屯路安宁城市文化中心。国家一级公共图书馆，馆舍建筑面积 9 500 平方米，安宁市图书馆总馆。安宁市图书馆定期开展"书香润心灵　阅读伴成长"经典诵读活动、"小小图书管理员"培训班等面向少年儿童的阅读推广活动。"21 天亲子阅读"活动安宁市图书馆印章如图 3-13-A9 所示。

第三章　公共图书馆亲子阅读活动的昆明模式

图 3 – 13 – A9　安宁市图书馆 "21 天亲子阅读" 活动打卡印章

富民县图书馆：位于富民县环城南路民族文化广场。国家三级公共图书馆，馆舍建筑面积 5 962 平方米，富民县图书馆总馆。富民县图书馆定期开展暑期少儿培训活动、亲子阅读会等多种形式的少年儿童阅读推广活动。"21 天亲子阅读"活动富民县图书馆印章如图 3 – 13 – A10 所示。

图 3 – 13 – A10　富民县图书馆 "21 天亲子阅读" 活动打卡印章

嵩明县图书馆：位于嵩明县嵩阳街道明湖南路园博公园内。国家三级公共图书馆，馆舍建筑面积 3 722 平方米，嵩明县图书馆总馆。嵩明县图书馆长期开展内容涵盖亲子阅读的"兰茂讲堂"公益讲座等少年儿童阅读推广活动。"21 天亲子阅读"活动嵩明县图书馆印章如图 3 – 13 – A11 所示。

· 63 ·

图 3-13-A11　嵩明县图书馆"21 天亲子阅读"活动打卡印章

宜良县图书馆：位于宜良县匡山东路东城门楼。国家三级公共图书馆，馆舍建筑面积 1 380.8 平方米，宜良县图书馆总馆。宜良县图书馆不定期开展"东门悦读——亲子阅读活动"、宜良文化大讲堂——弟子规国学公益课、宜良文化大讲堂——少儿茶艺公益课等面向少年儿童的阅读推广活动。"21 天亲子阅读"活动宜良县图书馆印章如图 3-13-A12 所示。

图 3-13-A12　宜良县图书馆"21 天亲子阅读"活动打卡印章

石林县民族图书馆：位于石林县环城东路 83-93 号。国家三级公共图书馆，馆舍建筑面积 1 680 平方米，石林县民族图书馆总馆。石林县民族图书馆长期开展"书香流韵"读书会、假期书法培训班、假期绘画培训班、"童悦书香　相伴成长"亲子阅读活动等面向少年儿童的阅读推广活动。"21 天亲子阅读"活动石林县图书馆印章如图 3-13-A13 所示。

图 3 – 13 – A13　石林县民族图书馆"21 天亲子阅读"活动打卡印章

寻甸回族彝族自治县图书馆：位于寻甸县仁德镇休闲广场。国家三级公共图书馆，馆舍建筑面积 4 700 平方米，寻甸县图书馆总馆。寻甸回族彝族自治县图书馆不定期开展亲子阅读活动、少儿暑期培训等少年儿童阅读推广活动。"21 天亲子阅读"活动寻甸县图书馆印章如图 3 – 13 – A14 所示。

图 3 – 13 – A14　寻甸县图书馆"21 天亲子阅读"活动打卡印章

禄劝彝族苗族自治县图书馆：位于禄劝县屏山社区南街 25 号。国家三级公共图书馆，馆舍建筑面积 1 416 平方米，禄劝县图书馆总馆。禄劝彝族苗族自治县图书馆不定期开展少儿暑期培训、少儿书画展等形式的少年儿童阅读推广活动。"21 天亲子阅读"活动禄劝县图书馆印章如图 3 – 13 – A15 所示。

图 3-13-A15　禄劝县图书馆"21 天亲子阅读"活动打卡印章

通过设立公共图书馆线下实地打卡点的举措，增加了昆明市公共图书馆的公众知晓率和认可度，让部分从未进过公共图书馆的家庭特别是儿童对图书馆有了一定的认知，在图书馆意识培养方面起到了启蒙的作用，这将会对他们今后的人生之路产生重要的影响。通过此举也可看出，看似简单的一项亲子阅读推广活动，如果进行周密的策划、多维度的创新探索，也可以让图书馆的阅读活动影响维度扩大，获得更高的价值体现。

2. 人文历史打卡点

人文历史是指自然与人类创造力的共同结晶，反映区域独特的文化内涵，特别是出于社会、文化、宗教上的要求，并受环境影响与环境共同构成的独特景观，具有历史性。人文景观是指具有一定历史性、文化性，一定的实物和精神等表现形式的旅游吸引物。设置人文历史打卡点目的在于让参与家庭通过旅游参观的形式，更深入地了解昆明的文化和历史，从多角度认识、了解昆明这座首批国家历史文化名城。活动共设立了 4 个人文历史实地打卡点。

石龙坝水电站：位于云南省昆明市西山区海口街道青鱼社区青鱼塘村旁螳螂川畔，距昆明 30 千米，占地面积约 230 亩，隶属于中国华电集团有限公司。石龙坝水电站一厂于清宣统二年（1910 年）7 月开工，"民国"元年（1912 年）5 月 28 日发电，为中国第一座水电站。1993 年 11 月，被云南省政府列为省级重点文物保护单位。2006 年 5 月，被国务院批准列入第六批全国重点文物保护单位名单。2018 年 1 月，入选中国工业遗产保护名录（第一批）名单。11 月入选第二批国家工业遗产名单。"21 天亲子阅读"活动石龙坝水电站印章如图 3-13-A16 所示。

第三章　公共图书馆亲子阅读活动的昆明模式

图 3-13-A16　石龙坝水电站"21 天亲子阅读"活动打卡印章

安宁青龙乡愁书院：青龙乡愁书院是由云南省新华书店与安宁市青龙街道共同建设的新型阅读空间"云上乡愁书院"其中的一个点。体现云南农村的传统文化气息，以传统建筑风格和老物件再现云南本土农耕文明与文化，以培养共同精神为目标，为传统村落、建筑遗产、非物质文化遗产提供文化寻根的精神家园和场所，让青山绿水与阅读有机融合，把文化的情怀融入青山绿水间，旨在进一步挖掘农村特色文化，传播中华优秀传统，推动基层全民阅读。"21 天亲子阅读"活动安宁青龙乡愁书院印章如图 3-13-A17 所示。

图 3-13-A17　安宁青龙乡愁书院"21 天亲子阅读"活动打卡印章

官渡古镇：位于昆明东南郊，地处滇池北岸、宝象河下游，占地 17 平方千米。曾是誉满滇中的古渡口，是古滇文化的发祥地之一。在南诏、大理国时期，是滇池东北岸一大集镇和交通要冲，元代时与昆明同时设县，宋以前设渡口，渔舟及过往的官船都在此停靠,官员上岸后又改坐轿或骑马过状元楼入昆明城,因此得名"官渡"。昔日官渡,商贾云集,高塔辉映,至今仍保留着许多文化建筑遗址,有唐、宋、元、明、清时期的众多历史人文景观,现有国家、省、市、区级重点文物保护单位10余处。2003年被国家五部委列为全国重点建设小城镇、科技示范小城镇;2004年3月被国家六部委评为国家级重点小城镇;2006年8月被评选为"云南十大名镇"之一;2011年4月8日被国家旅游局批准为国家AAAA级旅游景区,同时被国家旅游局、住建部正式批准为全国特色旅游景观示范名镇。"21天亲子阅读"活动官渡古镇印章如图3-13-A18所示。

图3-13-A18 官渡古镇"21天亲子阅读"活动打卡印章

呈贡区新时代文明实践中心:呈贡区新时代文明实践中心成立于2019年4月11日,位于呈贡区三台山龙井步行街,东倚三台山公园,西邻滇池,建设面积1 000平方米。主要以线下活动为主,集中推广文明实践的动态形象,活动中心共分为三层。同步建设了文明实践广场、学雷锋志愿服务中心以及平台办公区域。"21天亲子阅读"活动呈贡区新时代文明实践中心印章如图3-13-A19所示。

图 3 – 13 – A19　呈贡区新时代文明实践中心"21 天亲子阅读"活动打卡印章

3. 名人故居、纪念馆打卡点

名人故居，顾名思义就是指名人从前住过的地方或房子，名人故居是一种不可再生的文化资源，承载一地的历史文化，是社会生活的记录与承载者，是名人精神与名人文化的继承和延续，是后辈人在情感、精神方面与前辈们联系沟通的桥梁，更是文化遗产的重要组成部分。设置名人故居、纪念馆打卡点，目的在于让参与家庭实地感受名人生前的生活环境，通过故居中的展示物品，探访名人生前的爱好，感受名人精神风骨。活动共设立了 20 个名人故居、纪念馆实地打卡点。

闻一多、朱自清旧居：位于盘龙区司家营，该民居建于 1940 年前后，为本地司姓村民所建，为传统的"一颗印"民居。1941 年随西南联大南迁昆明的清华文科研究所租下该房使用，闻一多和朱自清先后在这里居住并从事教学研究活动。现为云南省级重点文物保护单位，并结合周围地块建成闻一多公园对公众开放。"21 天亲子阅读"活动闻一多、朱自清旧居印章如图 3 – 13 – A20 所示。

图 3 – 13 – A20　闻一多、朱自清旧居"21 天亲子阅读"活动打卡印章

昆明市朱德旧居纪念馆：朱德旧居位于五华山华山西路水晶宫社区红花巷4号。1921年初，朱德随顾品珍率领的驻川滇军退回云南，逼迫云南督军唐继尧出走。朱德离昆后，他建盖的房屋被唐继尧没收，抗战期间由龙云归还，朱德委托同事李雁冰代管。新中国成立后，朱德又委托李雁冰将房宅交给云南省人民政府。云南省政府对房宅进行维修之后，将宅院一分为二，一部分拨给圆通小学作附设幼儿园，即梅园巷3号，现在成为韶山小学的一部分，另一部分交给当地的居民委员会作为办公用房，即红花巷4号。1983年，朱德旧居被列为五华区重点文物保护单位。1987年，被列为省级重点文物保护单位。"21天亲子阅读"活动昆明市朱德旧居纪念馆印章如图3－13－A21所示。

图3－13－A21　昆明市朱德旧居纪念馆"21天亲子阅读"活动打卡印章

聂耳故居：聂耳（1912—1935年），伟大的人民音乐家，中华人民共和国国歌曲作者，原名守信，字子义，后作紫艺。聂耳故居坐落于昆明市甬道街73、74号。始建于光绪十年（1884年），原系重檐店铺房。光绪三十年（1905年），聂耳的父母亲从玉溪来昆谋生，租住于此开了一个小医馆，取名"成春堂"。1912年2月14日，聂耳在此降生。新中国建立后，聂耳的三哥聂叙伦等曾前往甬道街找寻他们一家曾经的住房，确认了其位置即今甬道街73号、74号。据此，1986年7月，盘龙区人民政府将其命名为"聂耳故居"并列为区级重点文物保护单位。2003年，升格为省级重点文物保护单位，2010年，聂耳故居进行了修复。2004年区调整划入五华区，2011年成立昆明聂耳故居纪念馆。"21天亲子阅读"活动聂耳故居印章如图3－13－A22所示。

图 3-13-A22　聂耳故居"21 天亲子阅读"活动打卡印章

昆明市聂耳墓文物管理所：聂耳是中国著名的作曲家，《义勇军进行曲》作者，1935 年在日本溺水逝世，1938 年归葬于昆明西山。1954 年重修聂耳墓，墓碑上镌刻郭沫若手书"人民音乐家聂耳之墓"。1980 年 5 月昆明市将聂耳墓迁于西山太华寺与龙门之间，墓园占地面积约 1 万平方米，新墓形似一架弹拨乐器。原墓志铭由郭沫若书写。聂耳墓文物管理所主要参观内容有聂耳墓、聂耳雕像、聂耳生平展厅、聂耳音乐影视厅，通过聂耳各个历史时期的珍贵照片、影视资料等，配以文字说明，生动地展现了聂耳辉煌的一生。现为全国爱国主义教育基地、全国重点文物保护单位。"21 天亲子阅读"活动昆明市聂耳墓文物管理所印章如图 3-13-A23 所示。

图 3-13-A23　昆明市聂耳墓文物管理所"21 天亲子阅读"活动打卡印章

冰心默庐："冰心默庐"原名"华氏墓庐"。抗战时期，冰心和丈夫吴文藻携儿女于1938年至1940年在此居住。当时有梅贻琦（西南联大校务委员）、罗常培、杨振声等名人学者曾来此与在呈贡的费孝通、陈达、戴世光等专家学者文化名人聚会，默庐成了一个谈笑有鸿儒的地方。为纪念冰心对呈贡人民的深情厚谊，人们将此地誉为"冰心默庐"。昆明市人民政府2003年将其列为市级重点文物保护单位。2019年2月21日被列为省级重点文物保护单位。"21天亲子阅读"活动昆明市冰心默庐印章如图3-13-A24所示。

图3-13-A24　冰心默庐"21天亲子阅读"活动打卡印章

魁阁：魁阁始建于清嘉庆二十三年（1818年），"民国"十一年（1922年）重修，2002年再次进行修缮。抗战时期，云南大学社会系研究室迁此，吴文藻、费孝通教授主持并带领一批学者，深入呈贡、禄丰、易门、玉溪、大理等地开展社会调查，研究成果颇丰。魁阁是"中国现代学术集团的雏形"，具有重要的历史文物价值和学术精神纪念价值。1986年被列为县级重点文物保护单位。2011年被列为市级重点文物保护单位。2019年2月21日被列为省级重点文物保护单位。"21天亲子阅读"活动魁阁印章如图3-13-A25所示。

图 3-13-A25　魁阁 "21 天亲子阅读" 活动打卡印章

张天虚故居：张天虚故居建于 1890 年，2008 年修缮。著名"左联"作家张天虚诞生于此。张天虚著有《铁轮》等文学作品 300 多万字。曾在日本亲理挚友聂耳去世善后事宜，主编《聂耳纪念集》，携其骨灰回国。抗战时期，赴延安参加八路军西北战地服务团，从事战地演出。1938 年随六十军参加台儿庄等战役，1939 年赴缅甸仰光，担任《中国新报》编辑，进行抗日宣传。1941 年 8 月 10 日在昆明病逝。郭沫若盛赞："西南二士，聂耳天虚。"1986 年被列为县级重点文物保护单位。2009 年被列为市级重点挂牌博物馆。2011 年被列为市级文物保护单位。"21 天亲子阅读"活动张天虚故居印章如图 3-13-A26 所示。

图 3-13-A26　张天虚故居 "21 天亲子阅读" 活动打卡印章

郑和纪念馆（晋宁博物馆）：郑和是中国历史上伟大的航海家，世界文明交流的先行者。在 1405—1433 年的 28 年间，郑和率领船队七下西洋，打通并拓展了中国与亚非30多个国家和地区的海上交通，为世界航海事业的发展和各国人民的交流做出了不可磨灭的贡献。郑和七下西洋，最多时率船200多只，人员达27 000多人，主要航线多达40多条，总计航程16万海里，是世界古代航海史上人数最多、行动范围最广的远洋航行活动。郑和1405年首下西洋，比哥伦布发现美洲新大陆早87年，比达·伽马经过好望角早92年，比麦哲伦环球航行早114年，他无疑在人类文明史及世界航海史上写下了辉煌的一页。晋宁郑和纪念馆是中国名人纪念馆，位于云南省滇池西南岸晋宁区昆阳镇郑和故里月山的郑和公园内。1983年纪念伟大航海家郑和下西洋580周年时筹建郑和纪念馆，1984年6月正式开放。"21天亲子阅读"活动郑和纪念馆（晋宁博物馆）印章如图3-13-A27所示。

图3-13-A27　郑和纪念馆（晋宁博物馆）"21天亲子阅读"活动打卡印章

宏山公社旧址：宏山公社旧址位于耿家营乡耿家营民族中学北侧，为一正厅三厢房两进式纵向布局院落，在昆明市现有文物保护建筑中尚未发现同类型的建筑，具有较高的历史、科学和艺术价值。该建筑由照壁及中间厢房分隔为既相互联系又相对独立的南、北两个四合院。建于20世纪30年代，为乡绅李玉田的宅院。1958年至1981年间曾作为宏山人民公社办公地点，见证了一段特殊岁月的历史。2011年1月，昆明市人民政府公布宏山人民公社旧址为第五批市级重点文物保护单位。目前"宏山公社"已被打造成特色鲜明、内涵丰富的红色教育基地。"21天亲子阅读"活动宏山公社印章如图3-13-A28所示。

第三章 公共图书馆亲子阅读活动的昆明模式

图 3-13-A28 宏山公社"21 天亲子阅读"活动打卡印章

嵩明红军纪念塔：位于嵩明县城黄龙山南麓，嵩明老年大学校园内，距魁星阁约 100 米。建于 1977 年 4 月，系为纪念 1935 年和 1936 年中国工农红军长征两次路过嵩明的英雄壮举而建筑的。主要建筑有立塔、屏壁、中心花台，占地面积 1 650 平方米，整个纪念塔建筑雄伟，庄重肃穆，铭刻着红军长征的丰功伟绩，是向广大干部群众和青少年进行爱国主义教育和革命传统教育的重要场所，为昆明市重点文物保护单位。"21 天亲子阅读"活动嵩明县红军纪念塔印章如图 3-13-A29 所示。

图 3-13-A29 嵩明县红军纪念塔"21 天亲子阅读"活动打卡印章

红军长征过富民纪念碑：位于富民县城黎阳桥西侧，滨河公园上园内，近现代重要史迹及代表性建筑。红军长征途中两次过富民，历时 5 天，行程 190 多千米，该纪念碑建于 1996 年，质地为砖混及石料，占地面积 4.5 亩，为园林式公园。纪念碑整体建筑由基本平台、碑座、浮雕像和浮雕墙组成。浮雕像高4.5米，采用玻璃钢镀铜，浮雕墙分别立于雕像两侧，每块高1.8米、长8米、厚0.4米，墙面为玻璃钢镀铜。此公园是弘扬革命优良传统，开展爱国主义教育的基地。2001年被列为县级重点文物保护单位。"21天亲子阅读"活动红军长征过富民纪念碑印章如图3–13–A30所示。

图3–13–A30　红军长征过富民纪念碑"21天亲子阅读"活动打卡印章

禄劝翠华镇普渡河铁索桥：位于禄劝彝族苗族自治县翠华镇头哨村委会。是当时两岸人民进行商贸及人员往来的重要通道，1935年4月底5月初，中央红军军委纵队及五军团由寻甸柯渡经鸡街、三哨，顺利通过普渡河铁索桥，到达翠华界牌村宿营。1936年4月9日，红二方面军长征途经九龙三哨向铁索桥进发。在铁索桥与设防阻击的国民党滇军发生激战，虽歼敌一部，却也付出了较大代价，共牺牲干部战士79人。作为红军长征战斗的遗址，铁索桥已被禄劝县人民政府公布为县级重点文物保护单位。"21天亲子阅读"活动翠华镇普渡河铁索桥印章如图3–13–A31所示。

第三章 公共图书馆亲子阅读活动的昆明模式

图 3-13-A31 翠华镇普渡河铁索桥"21 天亲子阅读"活动打卡印章

禄劝翠华镇普渡河红军烈士墓：1975 年 5 月，翠华公社委员会、翠华公社革命委员会在普渡河西岸铁索桥旁修建了"红军烈士纪念碑"及亭子一座，同时又将萧令彬烈士的遗骸从头哨村委会腊水平村迁至纪念碑与亭子之间的空地，修建"萧令彬烈士之墓"进行安葬。1991 在萧令彬烈士墓旁修建了无名"红军战士之墓"。2003 年把"铁索桥""萧令彬烈士之墓""红军战士之墓"合并定名为"普渡河铁索桥及红军烈士墓"，云南省人民政府发文将其列为省级重点文物保护单位。普渡河铁索桥及红军烈士墓是研究红军长征的实物史料，具有一定的历史价值，是昆明地区红军长征 12 个点"一条线"的红色教育基地，也是广大人民群众接受革命传统教育和爱国主义教育的重要场所。"21 天亲子阅读"活动翠华镇普渡河红军烈士墓印章如图 3-13-A32 所示。

图 3-13-A32 翠华镇普渡河红军烈士墓"21 天亲子阅读"活动打卡印章

红军长征柯渡纪念馆：位于昆明市北面的寻甸回族彝族自治县柯渡镇丹桂村。1935 年 4 月 30 日中央红军长征途中在柯渡丹桂村召开会议，安排部署抢渡金沙江，红军渡过金沙江后彻底打垮蒋介石 40 万大军的围追堵截，取得了战略转移的伟大胜利。红军长征柯渡纪念馆面积 2 128.91 平方米，主要包括中央红军总部长征驻地旧址、总参谋部作战室、毛泽东、周恩来、刘伯承、朱德等同志长征路居丹桂村的休息室及烈士遗物。1977 年 10 月，云南省人民政府在丹桂村建立了柯渡红军长征纪念馆。1983 年纪念馆被云南省人民政府列为省级重点文物保护单位，2013 年被国务院列为第七批全国重点文物保护单位。"21 天亲子阅读"活动柯渡纪念馆印章如图 3 – 13 – A33 所示。

图 3 – 13 – A33　柯渡纪念馆"21 天亲子阅读"活动打卡印章

云南陆军讲武堂：云南陆军讲武堂是对中国近代史产生过重要影响的早期著名军事院校。清朝末年，云南陆军讲武堂与天津北洋讲武堂、东北奉天讲武堂并称为三大讲武堂；民国时期又与保定陆军军官学校、中央陆军军官学校（黄埔军校）齐名，并称三大军校。1950 年设为中国人民解放军军政大学西南军区军政大学云南分校，1953 年改为中国人民解放军第三步兵学校。从云南陆军讲武堂走出的师生在云南辛亥革命、护国起义、北伐战争、抗日战争和解放战争中为国家和民族做出了重大贡献，涌现出一大批军事统帅和军事将领，可谓"帅星闪耀，名将辈出"。这其中就有为新中国的创建和发展立下不朽功勋的开国元勋朱德、叶剑英；有抗战期间在白山黑水坚持抗战的抗联名将周保中将军，组织云南子弟 40 余万人出滇抗战的龙云，率部浴血于台儿庄并促成云南和平解放的卢汉将军,还有为争取长春和平解放率部起义的曾泽生军长,等等。

1988年国务院将云南陆军讲武堂旧址为全国重点文物保护单位,1990年成立云南陆军讲武堂文物保护管理所,2009年设立云南陆军讲武堂历史博物馆,旧址入选第二批中国20世纪遗产名单。"21天亲子阅读"活动云南陆军讲武堂文物管理所印章如图3-13-A34所示。

图3-13-A34 云南陆军讲武堂文物管理所"21天亲子阅读"活动打卡印章

昆明市博物馆:位于拓东路93号,成立于1997年,占地面积17 000平方米,建筑面积20 000平方米,是地方性综合博物馆。昆明市博物馆收藏动物化石、古人类化石、石器、青铜器、书画、瓷器、民族文物、近现代文物近2万件。举办有"昆明地区恐龙化石展""滇池区域青铜文物精品展""地藏寺经幢展""滇墨流韵——云南明清名人扇面""云中青韵——明代民窑青花瓷""长空飞虎"等6个专题陈列。此外还通过每年举办的20多个临时展览,介绍国内外的文化艺术和文物精品,以及省内美术、书法和民族传统工艺艺术家的优秀作品,使博物馆成了文化交流的平台、历史文化的窗口、百姓怀旧的场所。昆明市博物馆是云南省的爱国主义教育基地和科学普及教育基地。"21天亲子阅读"活动昆明市博物馆印章如图3-13-A35所示。

图 3–13–A35　昆明市博物馆"21 天亲子阅读"活动打卡印章

云南解放纪念馆：云南解放纪念馆是缅怀革命先辈光辉业绩、光荣传统的重要纪念馆。采取场景复原、实物资料和展板相结合的形式从昆明保卫战、滇南追歼战役、解放大军入昆、昆明军管会、建立新政权、翠湖南路 65 号宅院 6 个部分展现了云南解放的全过程。同时，复原了陈赓、宋任穷首长生活工作的场景。"21 天亲子阅读"活动云南解放纪念馆印章如图 3–13–A36 所示。

图 3–13–A36　云南解放纪念馆"21 天亲子阅读"活动打卡印章

云南起义纪念馆：云南起义纪念馆是利用全国重点文物保护单位昆明卢氏公馆建成的纪念馆。馆内采取场景复原、实物资料和展板相结合的形式展现了云南起义惊心动魄的经过。"21 天亲子阅读"活动云南起义纪念馆印章如图 3–13–A37 所示。

第三章 公共图书馆亲子阅读活动的昆明模式

图 3-13-A37 云南起义纪念馆"21 天亲子阅读"活动打卡印章

升庵祠纪念馆：升庵祠，原是明代进士、嘉靖年间任户部（给事中）大臣毛玉的故宅，名为"碧峣精舍"。后杨升庵将"碧峣精舍"买下，改名为"紫翠新居"，在这里度过了他的晚年。1601 年，云南省布政使刘之龙把"碧峣精舍"改建为"太史祠"，称为"升庵祠"，供奉杨慎塑像，专门用作纪念。1987 年被列为云南省重点文物保护单位。"21 天亲子阅读"活动升庵祠纪念馆印章如图 3-11-A38 所示。

图 3-13-A38 升庵祠纪念馆"21 天亲子阅读"活动打卡印章

钱穆著书纪念馆：钱穆著书纪念馆地处宜良县 AAA 级景区岩泉寺风景区内，2019 年 6 月 4 日举行揭牌仪式，正式对外开放。全面展现了钱穆先生在宜良岩泉寺著书的经历，同时通过对钱氏家训的展出，倡导了廉洁家风，强化了廉洁文化建设。纪念馆被授予了"宜良县廉洁文化示范点""宜良县青少年校外爱国主义教育实践基地",已成为宜良一张重要的文化名片。"21 天亲子阅读"活动钱穆著书纪念馆印章如图 3-13-A39 所示。

图 3-13-A39　钱穆著书纪念馆"21 天亲子阅读"活动打卡印章

4. 非遗传习馆、展示馆

非物质文化遗产是人们通过口传心授、师承传授、代代因袭传承的民间文化遗产,是一个民族古老的生命记忆和活态基因,被誉为历史文化的"活化石""民族记忆的背影"。云南省有 26 个民族,其中 15 个为特有少数民族,各民族悠久的历史文化留下了丰富的非物质文化遗产,也为昆明的民族文化增添了亮丽的色彩,把非遗传习、展示馆列为线下实地打卡点的目的是为了让社会公众和儿童传承文化,留住乡愁。活动共设立了 4 个非物质文化遗产传习馆、展示馆实地打卡点。

石林县非遗展示馆:展厅面积为 1 928 平方米,于 2016 年 12 月 16 日正式对民众免费开放。展区分 9 个展区,共展示入选国家级、省市级非物质文化遗产代表性保护名录项目共 10 大类别、74 个项目,各项目及各类实物展品 5 747 件。"21 天亲子阅读"活动石林县非遗展示馆印章如图 3-13-A40 所示。

第三章 公共图书馆亲子阅读活动的昆明模式

图3-13-A40 石林县非遗展示馆"21天亲子阅读"活动打卡印章

石林县农民画馆:展区面积为612平方米,于2016年12月16日正式对民众免费开放至今。一楼设置对外作品交流厅兼画室、工作室,二、三楼设置固定展示厅。"21天亲子阅读"活动石林县农民画馆印章如图3-13-A41所示。

图3-13-A41 石林县农民画馆"21天亲子阅读"活动打卡印章

嵩明县艺术中心:艺术中心面积1 200平方米,为县级文旅示范基地,整合及保留了嵩明当地最具代表性的文化和非物质文化资源。内设六个展馆,即县级非遗传习馆两个、省级非遗传习馆一个,书法及绘画展馆两个,民俗传习馆一个。"21天亲子阅读"活动嵩明县艺术中心印章如图3-13-A42所示。

图 3-13-A42　嵩明县艺术中心"21 天亲子阅读"活动打卡印章

富民特色文化展示馆：展示馆以富民自然风光、人文风貌，被列入非物质文化遗产省级、市级保护名录的项目内容为主线设计，以非物质文化遗产民族民间服饰、民间手工艺品及地方文艺表演等为主要内容，对富民本土文化及旅游进行集中展示。"21 天亲子阅读"活动富民特色文化展示馆印章如图 3-13-A43 所示。

图 3-13-A43　富民特色文化展示馆"21 天亲子阅读"活动打卡印章

5. 动植物园打卡点

云南独特的气候和地理环境，为种类繁多的野生动植物提供了栖息之地，因此云南也被称为"植物王国"和"动物王国"，为了让更多的儿童身临其境对动植物有更多的了解与近距离接触，活动设立了 1 个较为大型的植物苗圃实地打卡点。

花之城：昆明花之城总占地面积近 68 823.79 平方米，拥有亚洲最大的单体花卉温室,面积5 000平方米的世界种质资源圃,收集了上千种来自世界各地的珍稀花卉品种,其中云南本土植物资源占达60%以上。有中法300年香料贸易文化体验式博物馆,从视觉、听觉、嗅觉、触觉五官的全方位感受,塑造了云南西双版纳珍贵的热带雨林资源、世外桃源香格里拉、生物宝库高黎贡山以及纯净的梅里雪山山脉,再现了18世纪的中法贸易场景,海港、货轮、码头、歌剧院大街、凡尔赛皇宫等。还有4D弧形穿幕影厅,采用了4D特效高清数字立体电影播放系统与多音轨数字环绕音响,听觉、视觉、嗅觉、触觉及动感感官系统相结合,用科技营造新体验。"21天亲子阅读"活动花之城印章如图3-13-A44所示。

图3-13-A44 花之城"21天亲子阅读"活动打卡印章

表3-2 2019年春城文化节"21天亲子阅读"活动实地打卡点一览表

县(市)区	打卡地点名称	打卡地点地址	打卡地点简介	开放时间
	云南省图书馆	昆明市翠湖南路141号	国家一级公共图书馆,馆舍建筑面积3.26万平方米	少儿阅览室周二至周日:9:00—17:00
	昆明市图书馆	昆明市环城东路663号	国家一级公共图书馆,馆舍建筑面积8 000平方米	周一至周四:9:00—20:30,周五:9:00—13:00,周六周日:9:00—17:00;少儿部周一至周四:11:00—18:00,周五:9:00—13:00,周六周日:9:00—17:00

续　表

县(市)区	打卡地点名称	打卡地点地址	打卡地点简介	开放时间
	云南陆军讲武堂文物管理所	昆明市翠湖西路22号	云南陆军讲武堂是中国近代史上一所著名的军事院校，原系清朝为编练新式陆军，加强边防而设的一所军事学校。开办于1909年。与创办于1906年的北洋讲武堂（天津）和创办于1908年的东北讲武堂（奉天）并称三大讲武堂	旧址：8:00—17:00；展馆：9:00—17:00（周一闭馆，节假日除外）16:00停止入场；换岗仪式：9:00、10:00、14:00、15:00、16:00（周一休息，节假日除外）
	昆明市博物馆	昆明市拓东路93号	昆明市博物馆占地面积18 000平方米，建筑面积20 000余平方米。馆内现有地藏寺经幢展和恐龙化石展、昆明飞虎队纪念馆、扇面精品展、瓷器精品展、昆明老照片展等基本陈列，另有3个机动展厅，不定期举办各类临时展览	每周一至周日：9:30—17:00（16:30后禁止入内）
盘龙区	盘龙区图书馆	北京路616号	国家一级公共图书馆。2008年1月加挂"昆明少年儿童图书馆"牌子。馆舍面积5 000平方米	少儿借阅大厅、综合借阅大厅：周一至周四：9:00—18:30，周五：9:00—12:00，双休、节假日：12:00—18:30
	闻一多、朱自清旧居	盘龙区闻一多公园内	闻一多、朱自清旧居是云南省省级重点文物保护单位，这座云南传统的"一颗印"民居是闻一多、朱自清先生在西南联大执教期间曾先后居住过的地方。旧居内部已完成场景复原，正式对社会公众开放	每周三至周日：10:00—17:00

续表

县(市)区	打卡地点名称	打卡地点地址	打卡地点简介	开放时间
五华区	五华区图书馆	昆明市东寺街114号	国家一级公共图书馆。馆舍建筑面积11 127.78平方米	周一至周四：9:00—17:00，周六、周日：11:00—17:00
	昆明市朱德旧居纪念馆	水晶宫红花巷3号	朱德旧居纪念馆位于昆明市原朱德旧居——"洁园"。2015年云南省启动修缮工作，把朱德旧居建成爱国主义教育基地	每周二至周日：9:00—16:00
	聂耳故居	甬道街73、74号	昆明聂耳故居坐落在甬道街73、74号，被列为省级重点文物保护单位	每周二至周日：9:00—16:00
	云南起义纪念馆	昆明市五华区翠湖南路4号	云南起义纪念馆是利用全国重点文物保护单位昆明卢氏公馆建成的纪念馆。馆内采取场景复原、实物资料和展板相结合的形式展现了云南起义惊心动魄的经过	周二至周日（节假日除外）：8:00—17:00（16:00停止入场）
	云南解放纪念馆	昆明市五华区翠湖南路65号	云南解放纪念馆是缅怀革命先辈光辉业绩、光荣传统的重要纪念馆。采取场景复原、实物资料和展板相结合的形式从昆明保卫战、滇南追歼战役、解放大军入昆、昆明军管会、建立新政权、翠湖南路65号宅院6个部分展现了云南解放的全过程。同时，复原了陈赓、宋任穷等首长生活工作的场景	周二至周日（节假日除外）：8:00—17:00（16:00停止入场）

续 表

县（市）区	打卡地点名称	打卡地点地址	打卡地点简介	开放时间
西山区	西山区图书馆	西山区兴苑路1089号昆明第一中学西山学校内	国家一级公共图书馆。馆舍建筑面积4 500平方米	星期一至星期四：9:00—19:00，星期六、星期日：12:00—18:00，星期五闭馆
	昆明市聂耳墓文物管理所	西山风景区内	全国爱国主义教育基地、全国重点文物保护单位	9:00—17:00（每周一闭馆）
	升庵祠纪念馆	西山区高峣村老高海公路旁	升庵祠，原是明代进士、嘉靖年间任户部（给事中）毛玉的故宅，名为"碧峣精舍"。后杨升庵将"碧峣精舍"买下，改名为"紫翠新居"，在这里度过了他的晚年。省级爱国主义教育基地	9:00—17:00（每周一闭馆）
	石龙坝水电站	西山区海口街道办事处青鱼社区螳螂川畔	中国红色文化教育基地、全国重点文物保护单位、云南省爱国主义教育基地	星期一至星期五：8:30—11:30，14:00—17:30 国家法定节假日闭馆
安宁市	安宁市图书馆	安宁市大屯路安宁城市文化中心	国家一级公共图书馆，馆舍建筑面积9 500平方米	星期二至星期日：8:15—18:15

续 表

县（市）区	打卡地点名称	打卡地点地址	打卡地点简介	开放时间
安宁市	安宁青龙乡愁书院	安宁市青龙街道集镇	青龙乡愁书院体现云南农村的传统文化气息，以传统建筑风格和老物件再现云南本土农耕文明与文化，以培养共同精神为目标，为传统村落、建筑遗产、非物质文化遗产提供文化寻根的精神家园和场所，让青山绿水与阅读有机融合，把文化的情怀融入青山绿水间	星期一至星期六：12:00—18:00；星期一闭馆
官渡区	官渡区图书馆	官渡区季宏路云秀书院内	国家一级公共图书馆，馆舍建筑面积5 860平方米	周一到周四：8:30—20:30；周五：13:30—17:00；周六、周日和节日假期：11:00—17:00
官渡区	官渡古镇	广福路上官渡古镇游客服务中心	AAAA级旅游景区，有国家级文保单位，妙湛寺前的金刚宝塔有丰富的非物质文化遗产展示	周一至周日：9:00—17:00
呈贡区	呈贡区图书馆	呈贡区置信银河广场C座26楼	国家三级公共图书馆，馆舍建筑面积2 000平方米	周二：13:00—20:40；周三至周六：9:00—20:40；周日：9:00—17:00；周一闭馆

续 表

县(市)区	打卡地点名称	打卡地点地址	打卡地点简介	开放时间
呈贡区	冰心默庐	呈贡区城内社区三台路38号	"冰心默庐"原名"华氏墓庐"。抗战时期,冰心和丈夫吴文藻携儿女于1938年至1940年在此居住。当时有梅贻琦(西南联大校务委员)、罗常培、杨振声等名人学者曾来此与在呈贡的费孝通、陈达、戴世光等专家学者文化名人聚会,默庐成了一个谈笑有鸿儒的地方。为纪念冰心对呈贡人民的深情厚谊,人们将此地誉为"冰心默庐"。昆明市人民政府2003年公布为市级重点文物保护单位。2019年2月21日被列为省级重点文物保护单位	周二至周六:9:00—11:30,13:00—17:00,16:30后禁止入场
	魁阁	呈贡区古城社区中部	魁阁始建于清嘉庆二十三年(1818年),"民国"十一年(1922年)重修,2002年再次进行修缮。抗战时期,云南大学社会系研究室迁此,吴文藻、费孝通教授主持并带领一批学者,深入呈贡、禄丰、易门、玉溪、大理等地开展社会调查,研究成果颇丰。魁阁是"中国现代学术集团的雏形",具有重要的历史文物价值和学术精神纪念价值。1986年被列为县级重点文物保护单位。2011年被列为市级重点文物保护单位。2019年2月21日被列为省级重点文物保护单位	周二至周六:9:00—11:30,13:00—17:00,16:30后禁止入场

续表

县(市)区	打卡地点名称	打卡地点地址	打卡地点简介	开放时间
呈贡区	张天虚故居	呈贡区龙街中段	张天虚故居建于1890年，2008年修缮。著名"左联"作家张天虚诞生于此。张天虚著有《铁轮》等文学作品300多万字。曾在日本亲理挚友聂耳去世后善后事宜，主编《聂耳纪念集》，携其骨灰回国。1938年随六十军参加台儿庄等战役，1939年赴缅甸仰光，担任《中国新报》编辑，进行抗日宣传。1941年8月10日在昆明病逝。郭沫若盛赞其："西南二士，聂耳天虚"。1986年被列为县级重点文物保护单位。2009年被列为市级挂牌博物馆。2011年被列为市级重点文物保护单位	周二至周六：9:00—11:30，13:00—17:00，16:30后禁止入场
	呈贡区新时代文明实践中心	呈贡区三台山龙井步行街	呈贡区新时代文明实践中心成立于2019年4月11日，位于呈贡区三台山龙井步行街，东倚三台山公园，西邻滇池，建设面积1 000平方米。主要以线下活动为主，集中推广文明实践的动态形象，活动中心共分为3层。同步建设了文明实践广场、学雷锋志愿服务中心以及平台办公区域	每周一至周五：9:00—17:00

续 表

县(市)区	打卡地点名称	打卡地点地址	打卡地点简介	开放时间
晋宁区	晋宁区图书馆	和璟苑森林公园一期5号楼	国家三级公共图书馆，馆舍面积2 000平方米，2020年3月31日，搬迁至和璟苑森林公园一期过渡场馆，着力打造全区首个园林式、休闲式公共阅读空间	周一至周五：8:30—19:00（周五13:00后闭馆）周六周日：8:30—16:30
	郑和纪念馆（晋宁博物馆）	郑和公园内	晋宁区唯一一个针对伟大航海家郑和而设立的纪念馆。是晋宁区爱国主义教育基地、青少年科普教育基地	周二至周日：9:00—17:00
石林县	石林县民族图书馆	石林县环城东路83-93号	国家三级公共图书馆，馆舍建筑面积1 680平方米	周一至周日：9:00—17:30
	石林县非遗展示馆	石林县城环城东路137号	展厅面积为1 928平方米，于2016年12月16日正式对民众免费开放。非遗展示馆分9个展区，共展入选国家级、省市级非物质文化遗产代表性保护名录项目共10大类别的74个项目，各项目及各类实物展品5 747件	周一至周五：9:00—11:30，14:00—17:30
	石林县农民画馆	石林县城环城东路137号	位于石林县城环城东路137号，展区面积为612平方米，于2016年12月16日正式对民众免费开放至今。一楼设置对外作品交流厅兼画室、工作室，二、三楼设置固定展示厅	周一至周五：9:00—11:30，14:00—17:30

续 表

县(市)区	打卡地点名称	打卡地点地址	打卡地点简介	开放时间
宜良县	宜良县图书馆	宜良县匡山东路东城门楼	国家三级公共图书馆，馆舍建筑面积1 380.8平方米	周一至周日：8:30—12:00，13:00—18:00
	钱穆著书纪念馆	宜良县岩泉寺风景区内	钱穆著书纪念馆地处宜良县AAA景区岩泉寺风景区内，2019年6月4日举行揭牌仪式，正式对外开放。该馆全面展现了钱穆先生在宜良岩泉寺著书的经历，同时通过对钱氏家训的展出，倡导了廉洁家风，强化了廉洁文化建设。纪念馆被授予了"宜良县廉洁文化示范点""宜良县青少年校外爱国主义教育实践基地"，已成为宜良一张重要的文化名片	周六至周日：9:00—17:00
	宏山公社旧址	耿家营乡耿家营社区土官村	"宏山公社"旧址建于20世纪30年代，为乡绅李玉田的宅院。1958年至1981年间曾作为宏山人民公社办公地点，见证了一段特殊岁月的历史。目前"宏山公社"旧址已被打造成特色鲜明、内涵丰富的红色教育基地	周一至周五：8:30—11:30，14:30—17:00；周六、周日：9:00—17:00

续 表

县（市）区	打卡地点名称	打卡地点地址	打卡地点简介	开放时间
嵩明县	嵩明县图书馆	嵩明县嵩阳街道明湖南路园博公园内	国家三级公共图书馆，馆舍建筑面积3 722平方米。	周一至周五：9：00—11：30，13：30—20：30；周六、周日：9：30—20：30
	嵩明县艺术中心	嵩阳街道玉带路明馨园小区	艺术中心面积1 200平方米，为县级文旅示范基地，内设6个展馆，即县级非遗传习馆2个、省级非遗传习馆1个、书法及绘画展馆2个、民俗传习馆1个	周一至周日：8：30—17：00
	嵩明红军纪念塔	嵩明县城北街黄龙山古柏公园内	建于1977年4月，占地面积1 650平方米，整个纪念塔建筑雄伟，庄重肃穆，铭刻着红军长征的丰功伟绩，是向广大干部群众和青少年进行爱国主义教育和革命传统教育的重要场所，为嵩明县市级文物保护单位	周一至周日：8：30—17：00
富民县	富民县图书馆	富民县环城南路民族文化广场	国家三级公共图书馆，馆舍建筑面积5 962平方米	周一至周五：8：30—21：00；周六周日8：30—17：00
	富民特色文化展示馆	上河图36栋	展示馆以富民自然风光、人文风貌，非物质文化遗产省级、市级保护名录内容为主线设计，以非物质文化遗产、民族民间服饰、民间手工艺品及地方文艺表演为主要内容，对富民本土文化及旅游进行集中展示	8：00—18：00

续表

县（市）区	打卡地点名称	打卡地点地址	打卡地点简介	开放时间
富民县	红军长征过富民纪念碑	富民县滨河公园	该纪念碑建于1996年，为纪念红军长征途中两次过富民，与蒋介石军队顽强战斗，给予敌军沉重打击。2001年被列为县级重点文物保护单位	周一至周日：7:00—22:00
禄劝县	禄劝县图书馆	禄劝县屏山社区南街25号	国家三级公共图书馆，馆舍建筑面积1 416平方米	周一至周日：8:00—17:30
禄劝县	翠华镇普渡河铁索桥	禄劝县翠华镇头哨村委会	该桥始建于1928年初，1936年春，红军长征过禄劝，在铁索桥打响了战役。铁索桥作为红军长征战斗的遗址，已被禄劝县人民政府公布为县级重点文物保护单位。（铁索桥距禄劝县城36千米）	周六、周日、节假日：10:00—17:00
禄劝县	翠华镇普渡河红军烈士墓	禄劝县翠华镇头哨村委会	1936年在铁索桥战斗中壮烈牺牲的79名革命先烈安葬于此。为缅怀革命先烈，禄劝县翠华镇政府在安埋烈士的地方修建纪念碑。（红军烈士墓距县城36千米）	周六、周日、节假日：10:00—17:00
寻甸县	寻甸县图书馆	寻甸县仁德镇休闲广场	国家三级公共图书馆，馆舍建筑面积4 700平方米。	周一至周日：8:30—21:00

续表

县（市）区	打卡地点名称	打卡地点地址	打卡地点简介	开放时间
寻甸县	柯渡纪念馆	寻甸县柯渡镇丹桂村	1935年4月30日中央红军长征在柯渡丹桂村召开会议安排部署抢渡金沙江，红军渡过金沙江后粉碎了蒋介石企图围歼红军的阴谋，取得了战略转移的伟大胜利。1977年寻甸县红军长征柯渡纪念馆建成并正式对外开放，1983年被列为第一批全国重点文物保护单位，1997年被命名为云南省爱国主义教育基地	周一至周五：8:30—16:00 周六至周日：10:00—16:00
	花之城	云南省昆明市盘龙区金瓦路8188号	昆明花之城总占地面积68 823.79平方米，拥有亚洲最大的单体花卉温室，面积5 000平方米的世界种质资源圃，收集了上千种来自世界各地的珍稀花卉品种，其中云南本土植物资源占达60%以上。内设有中法300年香料贸易文化体验式博物馆，从视觉、听觉、嗅觉、触觉五官的全方位感受，塑造了云南西双版纳珍贵的热带雨林资源、世外桃源香格里拉、生物宝库高黎贡山以及纯净的梅里雪山山脉仿真场景，再现了18世纪的中法贸易场景、海港、货轮、码头、歌剧院大街、凡尔赛皇宫等。还有4D弧形穹幕影厅，采用了4D特效高清数字立体电影播放系统与多音轨数字环绕音响，听觉、视觉、嗅觉、触觉及动感感官系统相结合，用科技营造新体验	周一至周日：8:00—17:00

(六) 线下分享会

线下分享会是"21天亲子阅读"活动中重要的且广受参与家庭欢迎的活动环节。每年主办方都会组织开展多场丰富多彩的不同主题的线下阅读分享会,让孩子们可以更直接的、面对面地同专家们一起交流亲子阅读感受,聆听专家的建议和指导,同时通过分享会进行亲子阅读的相互学习以及经验交流。

2016年7月24日,中国台湾著名童诗、童话、绘本家方素珍老师举办的"21天亲子阅读"活动"共读绘本激活创意"主题分享会,邀请小朋友参与配音,父母参与互动,以活跃的气氛、轻松的互动让孩子和家长更贴近绘本故事内容,如图3-14、3-15所示。

图3-14 2016年方素珍线下主题分享会

图3-15 2016年方素珍线下主题分享会

2017年11月6日,6位领读者在西山区永昌小学这所以留守儿童居多的学校进行"21天亲子阅读"现场交流,如图3-16、3-17所示。领读者亲切的、声情并茂的交流与分享,给予了这些更需要家庭以及社会关爱的孩子们以温暖,产生了发自内心的共鸣,更体现了"21天亲子阅读"活动在书本阅读之外传递的人文关怀和情感交流。

2018年,"21天亲子阅读"线下分享会"读懂中国"原创绘本阅读延伸活动让孩子们把歌谣中描绘的场景通过创意拼贴画的形式创作出来,加深对图书以及书中所蕴含的中国传统文化元素的理解,以易于孩子接受的方式进行着爱祖国、爱家乡的朴素情感教育;"我与作家面对面"活动,本土儿童文学作家吴然老师、汤琼老师以自己的学习、创作经历分享在孩子们心里播种下热爱阅读的种子,让孩子们从阅读开始,学会积累、学会习作,逐步做到能写、会写,写得好,通过写作表达自己的思想感情,如图3-18、3-19所示。

图3-16 2017年永昌小学阅读分享会

图3-17 2017年永昌小学阅读分享会

图3-18 2018年"读懂中国"线下分享会

图3-19 2018年"读懂中国"线下分享会

2019年由于创新性地增设了线下实地打卡环节,在活动持续过程中,"21天亲子阅读"活动多场线下分享会在昆明市图书馆以及聂耳故居、朱德旧居纪念馆等举行,让孩子和家长在快乐中切身感受党建红色文化。名人故居承载着伟人们自强不息、艰苦奋斗的精神,更直观地让儿童了解历史,弘扬优秀的革命先烈精神,强化未成年人思想道德建设,增强爱国主义情感,寓教于乐,更符合新时代体验要求。许多家长表示,现在的孩子们没有受过苦受过累,让他们多了解一些我们国家的历史,才能真正地让他们追寻时代记忆,传承时代精神。

多年来,"21天亲子阅读"活动持续举办的启动仪式、颁奖仪式也是让儿童进行阅读分享、阅读输出的平台。同时14个县(市)区图书馆也发挥阵地服务作用,举办丰富多彩的各类型线下分享会,使得活动辐射范围更广、活动效果更好、受益人群更多,使活动较好地起到了以亲子阅读活动带动全民阅读推广的示范作用。

（七）奖项评选

为鼓励更多家庭能够在21天的时间里通过亲子阅读和游学旅行等方式践行阅读行为,收获阅读习惯,具备阅读品格,同时鼓励发挥阅读优秀家庭的表率、引领及带动作用,用一个家庭的阅读带动更多家庭参与阅读,从而在全市范围内掀起全民阅读的高潮,进一步激发广大市民的阅读热情,营造浓厚的阅读氛围。共同营造"爱读书、读好书、善读书"的良好舆论氛围,"21天亲子阅读"活动在每年活动结束后,都会根据家庭参与情况评选出各相应奖项。

7年来,个人及家庭奖项共计评选出776个,其中奖项设置根据每年的活动内容和形式均有所调整,在常规设置的"亲子阅读十佳奖""亲子阅读优秀奖""亲子阅读一等奖""亲子阅读二等奖""亲子阅读三等奖"以外,还分别于2015年设置了优质阅读参与奖100个、优质阅读入门奖50个、优质阅读进阶奖30个、优质阅读收官奖20个；2019年设置了"游学达人"12个、"阅读感言分享达人"10个；2021年设置了"最佳父母阅读奖"10个等多种具有特色的奖项。针对参与协办的各县(市)区公共图书馆、学校、幼儿园的活动参与情况和组织情况,评选出"优秀组织奖"和"组织奖"。由各主办单位联合颁发获奖证书。

"21天亲子阅读"活动所设奖项部分奖状证书和奖杯如图3-20至图3-24所示。

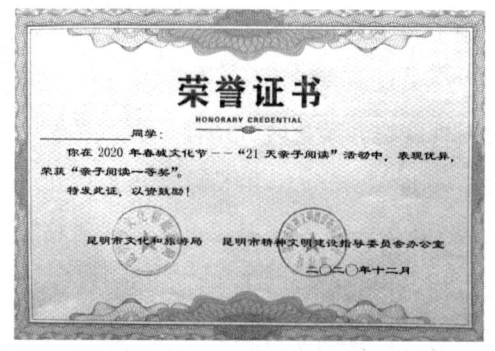
图3-20 "亲子阅读一等奖"证书

图3-21 "亲子阅读十佳奖"证书

图3-22 "游学达人"证书

图3-23 "优秀组织奖"奖杯

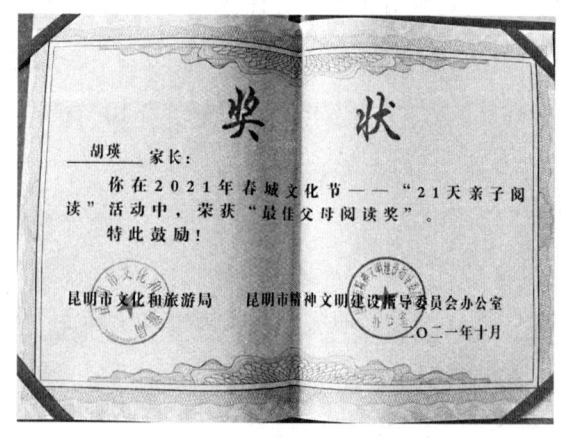
图3-24 "最佳父母阅读奖"

第二节 昆明市"21天亲子阅读"活动发展现状

昆明市公共图书馆"21天亲子阅读"活动2015—2021年7年的发展历程按时间顺序可以划分为3个阶段：实践探索阶段（2015—2016年），全面开展阶段（2017—2018年），蓬勃发展阶段（2019—2021年）。

本节着重阐述该项活动从内涵的变化、规模的扩大、宣传影响力的提升等方面经历的发展变迁。

一、从单纯的陪伴阅读到亲子共读

（一）活动初衷

"21天亲子阅读"活动经历了7年的发展历程，活动举办的初衷是为了更好地落实中央、省、市等部门关于加强开展全民阅读活动，特别是加强儿童阅读推广的相关要求，努力营造全社会全民读书、终生学习的良好社会氛围。2015年昆明市图书馆策划了"因爱伴读——昆明市图书馆21天亲子阅读计划"，旨在以书为媒，以阅读为纽带，通过21天的时间让父母陪伴孩子阅读，让亲子共读成为家庭生活的常态，同时通过社会最小细胞——"家庭"的亲子阅读，让孩子的阅读带动家庭的阅读，由一个家庭的阅读带动更多家庭参与阅读，从点到面，进而推动全民阅读。

1991年12月29日第七届全国人民代表大会常务委员会第23次会议决定批准中国加入《联合国儿童权利公约》，根据公约内容，将"儿童"界定为"18岁以下的任何人"。而医学界将儿童规定为14岁以下作为医学视察年龄段。我国法律根据《中华人民共和国未成年儿童保护法》以及《联合国儿童权利公约》规定，儿童是指"18岁以下的任何人"。"21天亲子阅读"活动主要针对14周岁以下的儿童，也包括部分14~18周岁的儿童。根据图3-25的统计，4~12岁年龄段的儿童家庭参与"21天亲子阅读"活动的比例占到了总数的89.19%，但还是有一部分的家长认为亲子共读只适用于学龄前的幼儿，等孩子上小学会自己认字念书了，就应该让孩子独立阅读，否则就会养成依赖大人的习惯。因此，部分家长在孩子上幼儿园时比较关注亲子阅读，一旦孩子上了小学，亲子阅读的热情与参与意识就逐渐消失或荡然无存。该活动旨在让儿童通过在家长陪伴下的亲子阅读使之爱上阅读、享受阅读的快乐，同时为父母创造与孩子进行持续有效沟通和互动的机会。图书馆工作者还发现，亲子阅读最难的是坚持，此活动的推出，旨在让更多家长放下自己的事情，留一点时间陪孩子一起阅读，享受阅读的快乐与喜悦，在融洽、温馨的家庭阅读氛围里潜移默化地培养儿童在阅读方面坚韧的意志以及养成良好的阅读习惯。

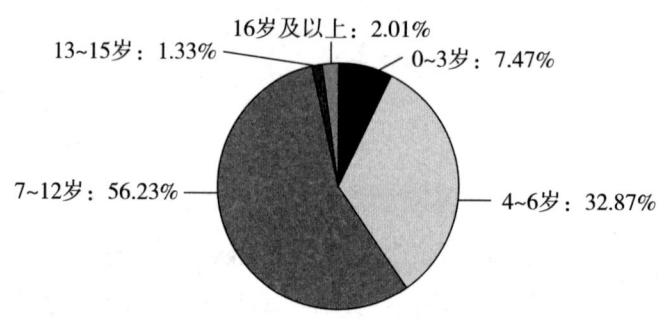

图3-25 "21天亲子阅读"活动参与儿童年龄结构图

活动初始的2015年，主办方在主办活动时提出在亲子阅读中提倡不需要家长有任何说讲故事的技巧，要的是家长21天的坚持与陪伴。同时，不限阅读主题，家长把阅读书籍选择权交给孩子。如果家长认为孩子选择的书籍很幼稚，更不在其审美范围，则请家长尝试把自己变成一个孩子，用孩子的视角看世界，让孩子自己做主，选择自己喜欢的书籍。

（二）亲子共读内涵扩大

如本章第一节所描述，"21天亲子阅读"活动在举办第一年就收到了良好的效果，获得了广泛的好评，获得了相应的荣誉。主办方也从活动中总结出了一些经验和不足。首先，通过活动成效的反馈以及参与家庭的调查，发现让儿童根据自己的兴趣挑选书籍，存在盲目性，不少儿童仅进行娱乐式阅读，即"浅阅读"，没有进行有思考、思辨的"深阅读"；其次，简单的家长读、孩子听式的陪读，没有有关阅读技能、技巧的指导，很难激发儿童的好奇心和强烈的阅读兴趣，仅只完成绘本图书的听读，没有在发展孩子语言、智力等方面有所收益，真正达到开展早期阅读的目的；再次，没有关注到儿童阅读的输出，没有给儿童以阅读表达的机会，在儿童阅读素养的培养方面作用较小。因此，活动主办方于2016年邀请中国台湾著名童诗、童话、绘本家方素珍老师作为领读者，在21天的时间里对参与家庭进行绘画阅读的方法、绘本内容的理解和绘本创作理念等进行讲解、导读。同年2月24日，举办"共读绘本激活创意"主题分享会，讲述绘本里的童话故事，与孩子们一起进行童话故事的配音表演，同时让父母共同参与互动。这样的方式增加了亲子共读的内涵，让儿童不仅收获了父母陪伴阅读的乐趣，更在阅读过程中获得了对绘本图书的深层次理解与认识，更能激发起阅读的好奇心与兴趣。

在此后的几年里，"21天亲子阅读"活动在阅读方式、阅读内容、阅读输出、阅读体验等方面不断改进提高，丰富了亲子阅读的内涵，拓展了亲子阅读的外延，使活动的整体质量得到了不断的提升。

二、从简单的绘本阅读到广泛的图书推荐

"打开心灵，爱上阅读"主题包括《我讨厌书》《图书馆的老鼠》《一只有教养的狼》《这是一本书》《和爸爸一起读书》《星期三书店》《神奇飞书》等7本绘本图书。主办方的推荐理由是：关上书房的门，打开心灵的窗，读得高兴了，便是阅读。对于孩子来说，阅读的内核应该是"悦读"。留一点时间给阅读，陶冶我们因繁杂生活而麻木的性情；找一点时间给阅读，矫正我们因忙忙碌碌而迷失的方向；挤一点时间给阅读，开启我们因机械工作而遮掩的心扉；剪一点时间给阅读，陪伴我们的孩子畅游在书的海洋。这几本绘本图书讲述了一个个清新隽永的小故事。绘本中简洁的文字，轻灵的线条，会让每个善感的孩子都能从中得到启示：生活中我们可以舍弃很多的物质享受，唯独不可缺乏与好书的相遇，以及随之而来的精神遨游。

"生命教育，愿你与这世界温暖相拥"主题包括《故障鸟》《大长腿苏珊娜》《花婆婆》《石头汤》《每一个善举》《1000把大提琴的合奏》《尼古拉的三个问题》《我叫巴德，不叫巴弟》等8本绘本图书。主办方的推荐理由是：遇见绘本，遇见广阔的人生。绘本可以唤醒我们的生命，对于每个人来说，最重要的事情就是生命本身，你就是你，不由别人定义。而我们每个人都应该拥有一个像《花婆婆》一样的梦想"让世界变得更美丽"，并让这美丽的梦想得以传承。我们独立存在，又和世界连在一起，所以在《石头汤》里我们看到了紧闭的心门可以被爱打开，幸福快乐来源于无私的分享。在绘本的世界里，我们开始接纳自我，尊重他人，面对天与地，我们珍惜、敬畏，敞开胸怀，让爱传递，热爱自然拥抱世界。

"阅读中国文化，向经典致敬"主题包括《鸟船》《荷花镇的早市》《安的种子》《躲猫猫》《风筝》《团圆》《羽毛》等7本绘本图书。主办方的推荐理由是：民族身份的缺失，对国家感情的缺失，对中国文化的陌生，对节日和传说的淡忘，这样的现状不应出现在孩子身上，如何从孩子抓起，给孩子介绍中国文化？原创绘本无疑是一个很好的选择。生活即教育，孩子的成长就是从生活开始的。原创绘本有着浓厚的中国元素，绘本中的生活场景都是中国孩子熟悉的，故事发生在孩子们的身边，拉近了与孩子的距离，引起共情，爸妈们在陪孩子读的时候，自己曾经的记忆也会被唤起，然后，抱着孩子在怀里，讲讲我们的小时候，将会是特别和谐温暖的亲子共读。有一种回忆的味道。

绘本图书的推荐很受低龄儿童的热爱，但也让不少大龄儿童失去了阅读兴趣，更广泛的图书阅读需求让主办方在图书阅读推荐上进行着不断的尝试与创新。

2017年的活动邀请到23位在不同行业、不同领域有所建树的行业精英作为领读者，向参与家庭推荐自己心仪的图书，领读其中经典的篇章，并且分享自己的阅读感悟，从多角度为活动参与家庭呈现热爱阅读、热爱生活、与社会共情的广义阅读的真髓，以此引导儿童建立起一种积极、健康、富有远大理想的学习与生活态度。2021年，"21天亲子阅读"活动在阅读图书推荐上再次进行了创新，按照"分类阅读、分组指导"的理念，参与家庭根据儿童不同年龄段加入相应组别，图书馆根据不同组别进行更有针对性的阅读图书推荐，69本推荐图书给参与家庭，为参与阅读活动的家庭提供了较大的选择空间。同时增加父母课堂，面向家长进行阅读推荐，帮助家长提高自身素养，掌握指导孩子阅读的相关知识与技能。

三、从小范围的家庭组织到规模影响扩大

"21天亲子阅读"活动在举办之初，昆明市图书馆与合作机构在当时国内没有相同类型活动经验可借鉴的情况下，没有开展大规模的宣传推广，只是尝试进行小范围的家庭组织。由于活动自身具有新颖性，当年就招募了236个家庭参与到活动中来。经过昆明市图书馆的精心策划以及合作机构的共同努力，活动在昆明地区引起了较大的反响，甚至辐射到了周边省市。此活动案例也于当年荣获了"出版界图书馆界全民阅读年会（2015）"阅读案例评选一等奖，营造了一个亲子阅读全民推广的气氛。

显著的活动成效、新颖的活动形式、较大社会影响力，引起政府相关部门的高度重视。2016年，"21天亲子阅读"活动作为昆明市未成年人思想道德建设全民阅读推广品牌活动纳入了昆明市文化和广播电视体育局"春城文化节"系列活动秋季版块——"金秋诵雅"当中。自此，以全市性公共文化服务品牌为载体的"21天亲子阅读"活动得到了有力的平台支撑，获得了发展的动力，规模影响逐渐扩大。2016年，活动共有7 622个家庭参加，2017年增加至10 975个家庭，2018年、2019年由于主办单位变化、宣传推广规模缩小，参与家庭缩减到5 000余个，2020年由于受新冠疫情的影响，参与家庭只有2 000余个。对此，主办方及时调整活动方案，加强活动内容以及活动方式的创新，加强宣传推广的力度，2021年参与活动家庭达到了创历史新高的13 081个。"21天亲子阅读"活动成为昆明市公共图书馆家庭亲子阅读的品牌活动，推动昆明市掀起了全民阅读的新热潮。

四、从图书馆自发开展到多机构联合推动

"21天亲子阅读"活动最初由昆明市图书馆筹划并组织实施，2016年起，纳入"春城文化节"——"金秋诵雅"版块的此项活动由昆明市文化广播电视体育局、昆明市文明办联合主办，并且得到了市级财政部门专项经费的支持。在主办单位的牵头指导下，在总结前一年活动经验的基础上，联动全市14个县（市）

区文广体（旅）局、5个开发（度假）园区社会事业局共同承办、14个县（市）区公共图书馆协办，同时，社会力量不断加入活动当中，形成了多部门联合主办，多机构协同推动的态势。随着组织机构不断完善，保障力量不断加强，活动在全市范围内得到了迅速的推广。

（一）县（市）区联动

作为全市性公共文化服务品牌活动的"21天亲子阅读"活动得到了14县（市）区党委、政府的高度重视。同时昆明市县（市）区图书馆作为昆明市公共图书馆总分馆体系的县级总馆，承担着配合区域中心馆昆明市图书馆开展全民阅读活动的责任。因此，自2016年开始，"21天亲子阅读"活动在市、县两级政府相关主管部门的支持下，在市、县两级公共图书馆的努力下，活动在全市范围内如火如荼地开展起来。

各县（市）区党委、政府配合制定了各县（市）区亲子阅读活动文件下发，在县域内积极组织响应该项活动。例如，2019年昆明市晋宁区下发以昆明市晋宁区妇女联合会、昆明市晋宁区文化和旅游局为主办单位的《关于联合开展2019年"21天亲子阅读"活动的实施方案》；2020年再次下发以昆明市晋宁区文明办、昆明市晋宁区妇女联合会、昆明市晋宁区文化和旅游局、昆明市晋宁区教育体育局4局联合主办的《关于开展2020年"同悦书香·相伴成长"家庭亲子阅读活动的通知》；2020年昆明市嵩明县也制定了以嵩明县文化和旅游局、嵩明县妇女联合会、嵩明县教育体育局联合主办的以"扣好人生第一粒扣子——相伴阅读 携手成长"为主题的2020年春城文化节——"21天亲子阅读"活动工作方案。在县域内组织中小学、幼儿园、各相关阅读机构以及适龄儿童家庭积极参与此项活动。此举不仅让全市范围内的适龄儿童，特别是县区较偏远地区的儿童获得了参与高品质公共图书馆活动的平等机会。同时，通过县级党委、政府相关部门的全力推动，让"21天亲子阅读"这一市级品牌活动向基层延伸，向对公共图书馆服务需求更为迫切的偏远山区儿童延伸，让公共图书馆服务普遍、均等的服务理念得以真正体现。昆明市各县（市）区开展"21天亲子阅读"活动场景如图3-26至图3-30所示。

图 3-26 宜良县 2021 年 "21 天亲子阅读" 活动启动仪式

图 3-27 宜良县 2021 年 "21 天亲子阅读" 活动线下分享会

图 3-28 晋宁区 2018 年 "21 天亲子阅读" 活动线下分享会

图 3-29 官渡区 "21 天亲子阅读" 活动线下分享会

图 3-30 官渡区 "21 天亲子阅读" 活动线下分享会

(二) 社会力量参与

2015年初次尝试与社会机构合作进行活动运作，借助社会力量的活力产生了自身"造血"的功能，取得了较好的成绩，收获了较大的社会效益。为了让活动不断产生创新的动力，活动主办方认为需要让更多的社会力量加入进来，保持活动运作的持续良性循环，而不是由图书馆唱"独角戏"。7年的活动中，主办方先后与10余家社会机构开展了项目合作，就参与家庭组织、微信群后台管理、阅读打卡及感言分享程序开发及运营管理、领读嘉宾邀请、宣传报道、各类主题线下分享会策划、志愿者服务等工作开展了全方位的合作，为活动多年的持续开展不断注入着新的活动。同时，在积极引入社会力量参与到公共图书馆服务当中时，也开启了与高校图书馆以及高校相关部门合作的尝试，为活动提供更为专业的、多学科背景的阅读指导。

(三) 校园宣传

从2016年开始，"21天亲子阅读"活动在前期准备阶段就由昆明市所辖的14个县（市）区图书馆对辖区内中小学校进行活动的入校宣传推广，营造活动氛围，得到了中小学、幼儿园老师及家长的广泛欢迎与接受。特别是对如五华区西坝小学，西山区永昌小学、龙潭中心学校这样一些以外来务工子女和农村儿童为主要生源的学校进行特别入校宣传，让这些儿童和家庭第一时间获取活动信息，积极参与到活动中来，以公共图书馆的公益儿童活动推动着公共文化服务城乡一体的普遍性和均等性。昆明市图书馆同时以学校为单位组建参与家庭的阅读微信群，并开展群管理人员的业务操作管理培训。7年来参与活动的中小学、幼儿园达到400余所，覆盖面还在持续增加。

(四) 多渠道平台宣传

为扩大活动宣传力度，提升活动品牌影响力，以亲子阅读活动推动昆明市全民阅读氛围形成。"21天亲子阅读"活动除每年通过省市主流媒体的多媒体平台以及昆明市图书馆微信公众号、视频号、网站、打卡程序等平台宣传外，同时联合十余家第三方合作机构的相关平台进行活动信息的宣传推广。诸如"愿望树悦读时光""无线昆明""天使的书房""樊登读书""樊云悦读新生活""食尚云南"等微信公众号及微信群进行活动宣传并同时进行"最美亲子阅读感言""最美游记"发布。同时以14个县（市）区图书馆为县级宣传阵地，利用各县级图书馆以及县级融媒体平台从多渠道、多途径扩大宣传推广的覆盖面与受众面，在全市范围内进行活动的广泛宣传推广。

本章参考文献

宋然.3－6岁幼儿家庭亲子阅读现状调查［D］.天津：天津师范大学，2017.

第四章 公共图书馆亲子阅读活动昆明模式的创新维度

第一节 制度保障

一、顶层设计搭建平台

(一)云南省相关政策支撑

在国家相关全民阅读政策的指导下,云南省委、省政府为持续推进全民阅读深入开展,以全民阅读作为提高国民综合素质、提升社会文明程度的有力抓手,对全省全民阅读工作进行了总体部署,出台了一系列有关全民阅读的政策。2016年全民阅读被列为云南省政府工作报告的重要内容,2017年再次被列入省政府工作报告,彰显了云南省委、省政府倡导全民阅读、推广全民阅读的决心。

2017年中共云南省委宣传部、云南省新闻出版广电局为深入开展全民阅读活动,积极推进"书香云南"建设,保障人民群众阅读需求,提升阅读服务保障效能,结合云南省实际,制定并印发了《云南省深入开展全民阅读实施意见》,以"推进全民阅读 建设书香云南"为主题,紧贴云南实际、紧贴各层次需求,突出本地区特点,科学确立全省和各州市开展阅读活动的目标任务。

同时,为贯彻落实《中共中央、国务院关于进一步加强和改进未成年人思想道德建设的若干意见》精神,全面提高云南省未成年人的思想道德素质,中共云南省委、云南省人民政府印发了《中共云南省委、云南省人民政府关于加强和改进未成年人思想道德建设的实施意见》,以进行理想信念教育为核心,以树立正确的世界观、人生观、价值观为重点,以养成高尚的思想品质和良好的道德情操为基础,对图书馆充分发挥教育阵地的作用,积极主动地为未成年人开展活动提出了相关要求。

(二)昆明市相关政策保障

在国家、省级相关政策文件精神的指导下,《昆明市关于加快构建现代公共文化服务体系的实施意见》(昆办发〔2017〕4号)、《昆明市文明委关于开展"扣好人生第一粒扣子"主题教育实践活动的通知》(昆文明委〔2019〕14号)以及昆明市文化广播电视体育局(机构改革后为"昆明市文化和旅游局")关于"春城文化节"系列活动总体方案等配套文件和方案的出台,对于公共图书馆作为文化传播阵地开展亲子阅读活动,以"立德树人"为根本任务,以培育和践行社会主义核心价值观为主线,抓住青少年价值观形成的关键时期,扣好"人生的第一粒扣子"提供了有利的政策支撑。

(三)公共文化服务品牌支撑

2015年,昆明市对品牌化、精品化的公共文化服务活动进行资源整合打包,推出了公共文化服务品牌——"春城文化节"。"春城文化节"坚持以"我们的节日·百姓的舞台"为宗旨,以"打造群众文化活动大品牌、搭建群众文化活动大平台、促进群众文化活动水平大提升"的思路,按照春、夏、秋、冬四季设立不同的活动主题,开展主题鲜明的群众文化活动,成为城乡群众广泛参与的经常性活动,也逐步形成了"贯穿全年,持续四季;自下而上,覆盖城乡;群众文化,专业水准"的特点,形成了"区县月月有赛事,城市季季有展演,全市年年有节庆"的生动局面。

基于2015年"21天亲子阅读"活动社会反响强烈,群众认可度高的活动成效,自2016年起,"21天亲子阅读"活动作为昆明市未成年人思想道德建设全民阅读推广品牌活动被纳入"春城文化节"系列活动秋季版块"金秋诵雅"当中,自此,以全市性公共文化活动大品牌为载体的"21天亲子阅读"活动得到了有力的平台支撑,获得了强大的发展动力。

2017、2018年昆明市文化广播电视体育局、昆明市精神文明建设指导委员会办公室联合主办"21天亲子阅读"活动,分别以"书香家庭 亲子共读"

"扣好人生第一粒扣子——经典润童心　乡土沁我心"为主题。2019、2020、2021年，机构改革后的昆明市文化和旅游局联合昆明市精神文明建设指导委员会办公室共同主办三届"21天亲子阅读"活动，分别以"扣好人生第一粒扣子"——"阅享悦游　沁润童心""相伴阅读　携手成长""和孩子捧起书，让孩子爱上书"为主题。力求丰富活动的内涵，提升活动的质量与影响力，进一步提升全民阅读的社会化水平，使之成为引领全市未成年人阅读的经典活动品牌。活动通过线下阅读、线上分享以及经典图书荐读、线下实地打卡的形式，让儿童和家长共同体验多种形式阅读所带来的乐趣，有助于提高孩子的阅读能力，培养全市未成年人阅读习惯养成。

二、持续稳定的财政投入

自2016年起被纳入"春城文化节"秋季版块的"21天亲子阅读"活动得到了每年稳定的专项经费投入，在市级财政专项经费投入的保障下，主办方在活动内容、活动形式、社会力量运行、对外宣传推广等方面不断创新求变，取得了日益增长的社会影响力以及社会效益。

三、发挥品牌效应，提升亲子阅读整体合力

在亲子阅读活动开展过程中，公共图书馆以阅读环境氛围良好、书籍藏量丰富、阅读指导专业、活动形式多样见长。由于这些优势是一般家庭亲子阅读活动所无法比拟的，所以公共图书馆顺理成章成为亲子阅读活动推广的重要阵地及中坚力量。

昆明市公共图书馆"21天亲子阅读"活动经过7年的发展，已拥有了一定规模、热爱阅读的忠实参与群体、规范完善的活动流程、统一设计的"21天亲子阅读"标识，得到业界专家学者的高度认可，成为内涵丰富、影响广泛的全国亲子阅读的品牌活动。活动主办方和各方参与者充分利用活动品牌的既有影响力，以昆明市公共图书馆及各县（市）区图书馆为主阵地，利用活动模式、馆藏资源、技术力量、专业人员、阅读场地等优势，广泛吸引诸如社会机构和组织、公共媒体、文化企业等多业态社会阅读推广机构参与合作，充分调动社会资

源，构建阅读服务平台，形成合力，提升打造，开拓创新，多途径协同提升亲子阅读活动读者活跃度和影响力，推动亲子阅读活动向更广、更深、更实处发展。

7年来，"21天亲子阅读"活动不断创新优化活动模式，协调政府相关部门、公共图书馆、社会机构等多方资源，提升整体合力，多途径协同推进全民阅读向亲子阅读细分领域深耕细作，创新打造了独具特色的公共图书馆亲子阅读昆明模式。

第二节 组织建制

组织能力是实现目标的重要保障，组织建制又是组织能力的基础，良好的组织机制是保障阅读活动运行良好的基本前提。"21天亲子阅读"活动作为昆明市公共文化服务品牌"春城文化节——金秋颂雅"版块当中的一项重要活动，作为昆明市文明办"扣好人生第一粒扣子"主题教育实践活动中的重要内容，得到了昆明市文化主管部门"昆明市文化和旅游局"（机构改革前为"昆明市文化广播电视体育局"）以及"昆明市精神文明建设指导委员会办公室"（以下简称"市文明办"）的高度重视和高位统筹，以高规格的两个委办局联合主办、联合发文的方式自上而下在全市开展，建立了高规格、高效率、专业化的组织机构，这是活动成功开展的有力组织保障。活动根据职能和职责，合理分工，建立健全主办方统一领导，市县两级公共图书馆项目责任人分级负责，社会力量广泛参与的工作协调机制。由政府组织实施，职能部门履行职责，各协办单位各负其责，从活动整体方案策划、合作伙伴寻找、制订合作方案、执行方案过程到活动绩效评估进行全方位的过程管理和绩效评估[1]，确保活动达到预期目标，取得预期成效。

"21天亲子阅读"活动采用统一活动方案、统一经费管理、统一活动标准、统一活动流程、统一奖项评选、统一绩效评估的6个"统一"有序开展，运行7年来取得了较好的成效，也体现出良好的组织建制对活动的战略推动作用。

"21天亲子阅读"活动自2015年由昆明市图书馆自发开展以后得到了社会各界的广泛好评和主管部门的高度重视。2016年该项活动由昆明市文化广播电视体育局主办，2017年由昆明市文化广播电视体育局、昆明市精神文明建设指导委员会办公室、昆明市教育局联合主办，2018年由昆明市文化广播电视体育局、昆明市精神文化建设指导委员会办公室联合主办，2019年至2021年由昆明文化和旅游局、昆明市精神文化建设指导委员会办公室联合主办，14个县（市）区图书馆协办。活动成立领导小组，组长由昆明市文化和旅游局局长和书记担任，副组长由昆明市文化和旅游局副局长以及昆明市文明办副主任担任，成员包括昆明市文化和旅游局公共服务处处长，昆明市文明办未成年人思想道德处处长以及昆明市图书馆馆长、副馆长。领导小组下设办公室在昆明市图书馆，办公室主任由昆明市图书馆分管业务的副馆长兼任，工作人员由昆明市图书馆抽调。

针对活动在14个县（市）区同时开展，"21天亲子阅读"活动采用整体策划、分级负责、分工合作、责任明确的原则分类搭建了科学完整的各级工作专班，各负其责，协同配合，共同推进活动的有序开展。

2019年"21天亲子阅读"活动组织架构如图4-1所示。

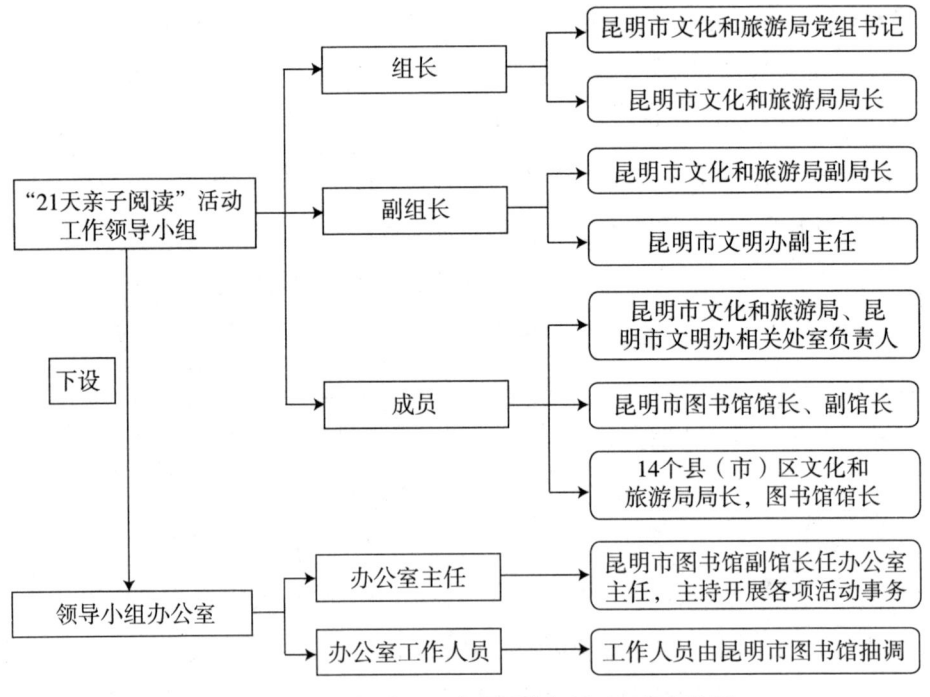

图4-1 2019年"21天亲子阅读"活动组织架构图

一、市图书馆项目责任制

项目责任制又称"项目管理",是一种在规定的时间、预算和质量目标范围内完成项目的管理模式。由于"21天亲子阅读"活动具体涉及昆明市图书馆承办以及全市14个县(市)区图书馆协办,并且有许多中小学校及社会机构参与,成员单位众多,涉及面较广,参与活动人数也较大。因此,活动承办单位昆明市图书馆以项目责任制的方式在图书馆内组成项目工作专班,保障项目的责权利统一,统筹各成员单位工作,确保活动项目顺利开展。

活动由昆明市图书馆项目组负责,设项目责任人,2015年至2018年由少儿部主任担任项目责任人,2019年开始由专门组织开展全市大型活动的阅读推广部主任担任项目责任人,成员由少儿部或阅读推广部工作人员组成。项目组负责该项活动的全面策划执行,包括总体方案起草、经费申请、活动组织、具体执行,负责与各主办、承办、协办单位对接,与社会合作机构、媒体机构对接等,确保了活动专人负责、专项落实、责任到位。

二、县级图书馆项目责任制

依托昆明市公共图书馆总分馆体系建设框架,昆明市已形成区域中心馆、县(市)区级总馆两级联动的公共图书馆阅读推广活动的常态化工作机制。作为区域中心馆的昆明市图书馆牵头组织14个县(市)区总馆在全市范围内开展诸如"4·23世界读书日"全民阅读系列活动、"春城文化节——金秋诵雅"全民阅读系列活动、"风·雅·颂——国学经典诵读"活动以及"春秋十讲"公益讲座活动等。"21天亲子阅读"活动作为"春城文化节——金秋颂雅"版块中的重要组成部分也由昆明市图书馆牵头联动全市公共图书馆共同举办。

14个县(市)区图书馆依照市图书馆组织架构分别建立各自的项目专班。组成由馆长担任组长,副馆长或少儿部主任担任项目责任人的县(市)区图书馆工作专班,负责与市图书馆进行工作对接,接受市级活动文件并组织实施。如第三章第二节介绍,部分县(市)区还制定形成以县级相关委办局为主办单位、县(市)区图书馆为承办单位的县级"21天亲子阅读"活动的红头文件转发至县属各基层文化站（室）、各中小学校和幼儿园，在县域内对"21天亲子阅读"活动进行积极响应和宣传组织，掀起县域内活动的高潮。

第三节 开放合作

整合多方资源，与社会力量广泛合作是"21天亲子阅读"活动持续开展并且取得较好成绩的重要因素之一。党的十七届六中全会首次明确提出"引导和鼓励社会力量参与公共文化服务"的相关工作方针。2013年中共中央连续发布了《全面深化改革若干重大问题的决定》《深化文化体制改革实施方案》等政策文件，鼓励公共文化服务与多方力量合作。中共中央办公厅、国务院办公厅于2015年印发的《关于加快构建现代公共文化服务体系的意见》明确提出了"鼓励和引导社会力量参与""以满足人民群众基本公共文化需求为目标，突出公共性和公益性，不断创新政府向社会力量购买公共文化服务模式""建立健全政府向社会力量购买公共文化服务机制""推广运用政府和社会资本合作等模式，促进公共文化服务提供主体和提供方式多元化"等相关要求。2015年5月，国务院办公厅转发了文化部、财政部、国家新闻出版广电总局、国家体育总局联合发布的《关于做好政府向社会力量购买公共文化服务工作的意见》，要求加快推进政府向社会力量购买公共文化服务工作，再到2017年《中华人民共和国公共文化服务保障法》、2018年《中华人民共和国公共图书馆法》连续两部公共文化服务相关法律的颁布，将社会力量参与公共图书馆服务的相关权利义务予以进一步强调和规范，从法律层面鼓励社会新鲜血液与公共图书馆在多领域展开合作，并且对社会力量参与全民阅读推广活动做出了明确要求和相关指导[2]。

基于国家层面相关法律法规的指导以及全民阅读推广活动的社会需求，昆明市公共图书馆秉持"开放、合作、共享"的发展理念，大力探索引入社会力量参与公共图书馆服务的模式，2015年"21天亲子阅读"活动举办之初，昆明市图书馆就积极开展了与社会力量的合作，在全面体现活动公益性原则的前提下，引入社会机构参与到活动当中，整合社会资源，充分调动社会力量的积极性，发挥社会资源的优势，弥补公共图书馆资源的不足、活动创新思维不够、阅读资源单一、阅读方式陈旧等问题，力求使活动内容、活动形式以及活动人力得到有效的充实，让此项活动获得了可持续发展的新动力。

一、馆校合作

（一）图书馆与中小学、幼儿园合作

1. 相互促进

亲子阅读涉及的多是中小学、幼儿园阶段的少年儿童，图书馆与中小学、幼儿园合作开展活动，是精准找到参与对象并且实现双赢的最有效的方式。中小学生的阅读水平和素养，是提高和改善当前我国社会和国民的阅读教育发展水平的重要理论基础，有利于持续地推进我国书香社会的规范化建设和现代化进程[3]。2018年1月1日起实施的《中华人民共和国公共图书馆法》中第三十四条、第四十八条均涉及公共图书馆依法为学校提供支持，培养儿童及青少年的阅读兴趣，提高其文化素养等内容，对公共图书馆全方位服务未成年人提出了新的更高要求。2021年3月教育部办公厅发布的关于中小学"五项管理"中《中小学生课外读物进校园管理办法》第十一条规定：中小学校要大力倡导学生爱读书、读好书、善读书，注重开展形式多样的阅读活动，提高学生阅读兴趣，培养良好阅读习惯。发挥家长在学生课外阅读中的积极作用，营造家校协同育人的良好氛围。教育部《中小学图书馆（室）规程》第二十九条也提出：图书馆应当积极与本地公共图书馆，特别是少年儿童图书馆、高等学校图书馆开展馆际合作，实现资源共享。2021年10月公布的《中华人民共和国家庭教育促进法》第四十六条规定：图书馆、博物馆、文化馆、纪念馆、美术馆、科技馆、体育场馆、青少年宫、儿童活动中心等公共文化服务机构和爱国主义教育基地每年应当定期开展公益性家庭教育宣传、家庭教育指导服务和实践活动，开发家庭教育类公共文化服务产品。

我国公共图书馆要想充分发挥图书馆的教育、文化辐射力，必须重视对家庭阅读的引导服务，通过联合学校推广"图书馆+学校+家庭"的服务模式，使阅读深入学校，走入家庭，最终辐射整个社会。培养阅读兴趣和支持正规教育是

公共图书馆针对未成年人承担的使命。随着《国家中长期教育改革和发展规划纲要（2010—2020年）》的实施和建设"人才大国"的教育目标被提到议事日程，正规教育不得不寻求更有效的培养途径，由此对图书馆支持正规教育的使命提出了更高的要求。有条件的公共图书馆有必要重新审视这一使命的含义及实现路径，给予它一些单独的，甚至优先的考量。目前，公共图书馆与中小学校的合作还没有在我国广泛开展起来，许多有关合作的问题需要更多的研究和实践[4]。而在国家政策支撑下，公共图书馆与中小学校儿童及青少年阅读推广工作方面的合作必将呈现逐渐深化的趋势[5]。

图书馆与中小学、幼儿园合作开展活动，一方面是国家政策层面有着加强中小学书香校园文化建设的具体规定，馆校双方有着共同的活动目标，容易达成合作共识；另一方面可以让公共图书馆优质的阅读资源直接面向未成年人进行推广，对于儿童以及家庭来说，自身的阅读需求与图书馆阅读推广活动的需求直接匹配，实现阅读信息需求对称；对于学校来说，与公共图书馆合作开展阅读活动，一是可以得到更丰富的阅读资源、更专业的阅读指导，二是可以节省学校在开发阅读活动或阅读课程方面的人力和财力投入，三是学校也有着通过阅读增强学校阅读学习氛围，辅助学校教学水平提高的内驱动力；对于公共图书馆来说，学校的参与又对活动的开展起到积极的推动作用，直接面向学生群体的阅读活动推广，降低了宣传推广成本，对于活动参与家庭的招募有着最为直接的成效。馆校双方合作可以实现资源共享，相互促进。

从前述情况及图3-25可看出，参与亲子阅读活动的家庭，孩子年龄在4~12岁年龄段，占总数的89.19%，说明孩子在幼儿园和小学阶段的家庭，是亲子阅读活动的主要对象。这部分孩子有大量时间进行家庭亲子阅读，家长也有引导孩子开展阅读活动的意识；0~3岁年龄段，占总数的7.47%，说明在进入幼儿园前，大部分家庭的家长还没有意识到亲子阅读的重要性；13岁以上的，仅占到总数的3.34%，说明初中以后的孩子，学业压力加大，与家长的互动交流减少，大多数家长也忽略了亲子阅读活动的开展，认为此年龄段的孩子应该进行自主阅读，但还是有部分家庭坚持亲子阅读。

由此可以看出，亲子阅读活动参与度较高的儿童年龄段集中于0~14岁学龄

第四章　公共图书馆亲子阅读活动昆明模式的创新维度

前幼儿园以及小学、中学低年级阶段。但据主办方对参与活动的学校进行统计，在学校阅读指导方面，74.21%的学校主要以好书推荐为主，其中，学校未设立阅读平台推荐好书、分享故事、指导阅读。学校虽设有图书馆，但通过图书借阅、活动开展进行阅读支持较少。在书籍选择及亲子阅读指导方法上，提供的支持也较少。

因此，公共图书馆有责任坚持把亲子阅读活动送进中小学及幼儿园，满足3~12岁家庭亲子阅读的需求并根据不同年龄读者需求，推出不同产品。针对0~3岁儿童的亲子阅读活动，着力开发阅读产品，推出有声书阅读，以"听"为主，提高家长对亲子阅读的重视，同时，对儿童进行阅读的启蒙教育；针对13岁以上的家庭，改进亲子阅读方法，以21天共读一本书，用专业的导读，引领亲子阅读进入"深阅读"阶段，进行有思辨性的阅读，并开展高阶阅读分享评选。

由于昆明市、市县两级公共图书馆均设有少儿部，长期以来通过在中小学、幼儿园设立图书馆分馆，进行图书馆服务延伸，通过把图书送进学校，把阅读活动送进学校，开展亲子阅读活动等方式对儿童阅读以及亲子阅读进行全方位的支持与指导，与学校建立了良好的合作关系，因此，"21天亲子阅读"活动自开展7年来，400余所中小学、幼儿园参与到活动中，这既是公共图书馆长期延伸服务的成效积累，也是该项活动自身魅力吸引的结果。良好的馆校合作共同构建起了推动书香校园建设的良性循环模式。

2. 平等自愿

平等自愿原则是任何合作开展的前提。虽然阅读对于儿童成长的重要性不容置疑，教育部门也有对学校阅读的相关要求，同时学校也是阅读推广活动的主阵地，但是由于不同的学校在办学理念、校长、老师对于阅读的理解及重视程度上各不相同，学校参与公共图书馆阅读推广活动的意愿也有着差异。基于此原因，"21天亲子阅读"活动目前在馆校合作开展阅读活动方面多数还是遵循平等自愿原则。通过寻找对阅读比较重视，并且对与图书馆合作开展阅读推广活动有强烈意愿的学校，在双方平等自愿的基础上展开合作。因此，在活动前期策划、宣传推广阶段，主办方对活动参与学校的招募进行了相应考虑，首先寻找有参与意愿的学校进行入校开展活动宣传推广，达成合作意向。根据活动开展2015—2021

年 7 年的统计调查,多数学校在完成一次合作后,都有意愿与图书馆达成长期合作意向,持续为孩子提供公共图书馆的优质阅读服务,例如昆明市盘龙小学、昆明市明通小学、昆明市中华小学、昆明市书林二小、云南省财经大学附属小学、西山区龙潭中心学校等十余所学校连续多年组织学生参与到该项目活动中来,并取得了良好的效果。"21 天亲子阅读"活动在对合作学校的选择上始终遵循了平等自愿原则,精准找到双方意愿匹配的学校开展合作,尽量避免后续活动过程中出现的矛盾和问题。

(二)公共图书馆与高校及其附属机构合作

《中华人民共和国公共图书馆法》第四十八条明确提出:国家支持公共图书馆加强与学校图书馆、科研机构图书馆以及其他类型图书馆的交流与合作,开展联合服务。高校图书馆有着强于公共图书馆的人才和资源优势,包括更高学历、更多学科背景、具有教学经验的专业图书馆馆员。"21 天亲子阅读"活动通过与高校图书馆以及高校其他部门的合作,在人才资源、志愿者服务、技术力量等方面得到了大力的支持。从 2017 年至 2021 年,公共图书馆与云南省财经大学图书馆、云南大学等多所高校及其附属机构开展了合作,整合了公共图书馆与高校的资源,共同为"21 天亲子阅读"活动参与家庭以及社会公众提供了高质量的公共图书馆服务。

1. 人才合作

(1)利用高校图书馆馆员在理论研究方面的优势,对活动方案的整体策划以及宣传推广的科学合理性进行了优化提升;利用高校图书馆计算机网络技术等方面的优势,对活动平台的系统优化管理、运行维护等进行了提升改进,使活动在整体质量的提升、参与家庭的互动体验感、活动宣传推广的科学高效等方面得到了较大的提高。

(2)利用高校教师人才资源丰富的优势,聘请多学科专业教师担任亲子阅读的领读嘉宾,提升领读水平,提高阅读指导质量。

2. 资源合作

(1)区别于公共图书馆系统的宣传推广渠道,通过高校图书馆的邀约,把高校相关的附属中小学、幼儿园也纳入活动的参与群体当中来,扩大了参与面与覆盖面。

（2）通过高校团委、学生处等部门，面向大学生招募志愿者参与到活动中，在活动的全过程均让这些综合素质较高的大学生志愿参与其中，弥补图书馆工作人员不足的具体问题。

二、社会化合作

"21天亲子阅读"活动从开始之初就采用政府主导，公共图书馆承办，社会力量参与，馆校合作的模式，整合多方合作力量，有力地推动活动的持续开展。7年的社会化合作之路，"21天亲子阅读"活动引入了共计13家社会机构包括阅读机构、文化传播机构、教育培训机构、新媒体企业、旅游企业、高等学校等参与其中。

相关合作机构如表4-1所示。

表4-1 历年参与"21天亲子阅读"活动合作机构一览表

阅读机构	樊登读书云南中心
	愿望树阅读时光机构
	天使的书房阅读推广机构
	昆明悠贝亲子图书馆
教育培训机构	昆明五华乐之培优培训学校
高等学校及其附属机构	云南大学
	云南财经大学图书馆
文化传播公司	昆明广视文化发展有限公司
	昆明凌轩文化传播有限公司
	云南阅趣文化传播有限公司
科技企业	云南骁捷网络科技有限公司
新媒体企业	昆明信息港传媒有限责任公司
旅游企业	云南怡美国际旅游公司

（一）馆外合作联络员制

因与图书馆外的各类文化教育机构、学校的合作均存在着更大的难度，利益诉求不同、活动宗旨不同，需要沟通协调的事项较为繁杂，所以，昆明市图书馆建立了馆外合作机构联络员制，避免由于对接人员过多、人员更换频繁带来的工作疏漏。由昆明市图书馆与馆外合作机构分别派出1名负责人及1名工作对接联络员，共同负责活动各个环节的对接，汇总活动过程中以及活动后续需要解决的事项，及时向昆明市图书馆工作专班领导汇报并解决问题。

社会合作组织架构如图4-2所示。

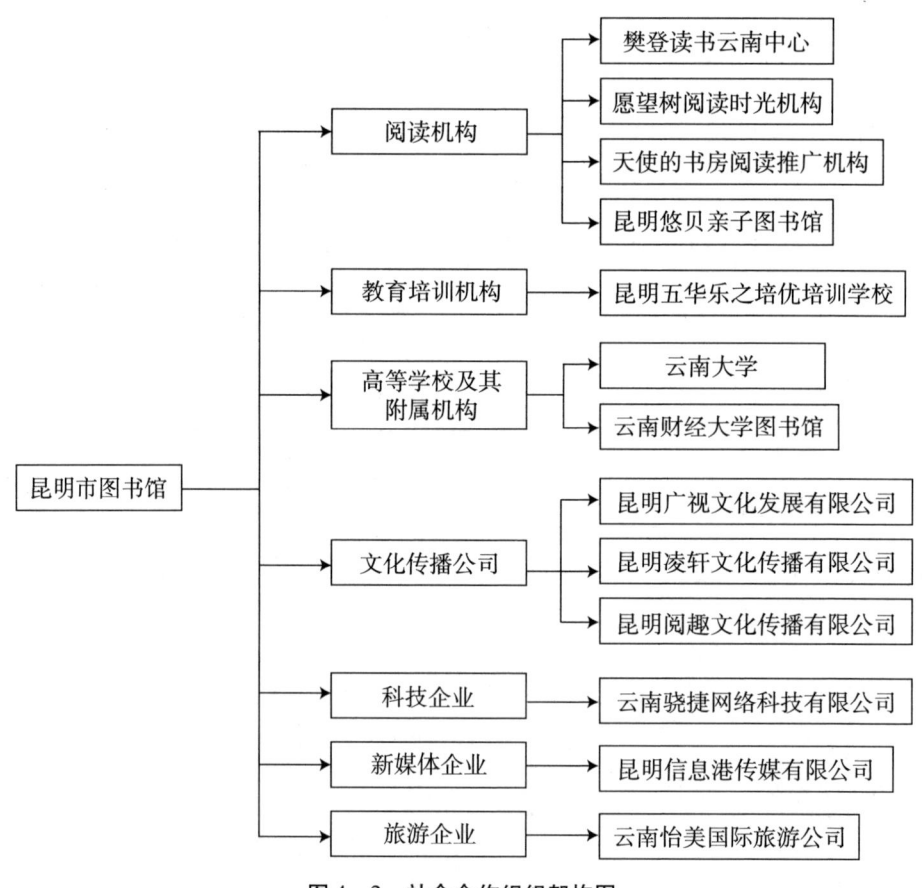

图4-2 社会合作组织架构图

第四章 公共图书馆亲子阅读活动昆明模式的创新维度

(二) 整体方案执行

通过购买服务采购有相应活动资质的合作机构协助图书馆完成整体活动方案的执行。基于"21天亲子阅读"活动的阅读及儿童教育属性,需要有开展文化活动以及教育活动经验的机构作为合作对象,阅读机构或文化教育机构作为首选合作对象,为活动提供专业的、有针对性的服务。诸如"愿望树阅读时光机构""天使的书房"阅读机构、"樊登读书云南中心"等优质的文化教育机构参与到活动的具体执行过程中来。

(三) 媒体宣传合作

公共图书馆利用媒体开展图书馆及其服务宣传报道的能力就是公共图书馆的媒体影响力,简言之,是公共图书馆影响、利用媒体的能力。公共图书馆的媒体影响力高,其理念和开展的各项图书馆服务就会受到媒体更广泛的关注,给予更多的正面宣传和报道,从而树立公共图书馆良好的社会形象,进而吸引更多的人来利用图书馆提供的各类服务,并关心、支持图书馆的事业发展。公共图书馆通过与媒体合作,对图书馆某一服务内容或活动的持续宣传和报道,让社会各界和公众对于公共图书馆的某一服务内容或活动给予更多的关注和认同,从而逐步树立起良好的品牌形象。[6]

"21天亲子阅读"活动之所以取得较好的社会效益,规模影响不断扩大,形成广为人知的公共图书馆少儿活动品牌,与各级各类媒体和平台宣传覆盖传播的力度、广度、深度分不开。

"21天亲子阅读"活动采取的媒体宣传报道方式区别于大多数阅读活动的宣传报道形式。普通的阅读活动仅由媒体就单次活动内容进行新闻报道,报道时长较短,报道内容属于新闻类简单的介绍形式,对于新闻受传者来说,就是接收到一条新闻信息,对活动内容不会留下过多的印象,这样的宣传形式对于阅读活动的宣传推广起不到实质性的作用。"21天亲子阅读"活动制订的宣传方案是进行全媒体、多角度、深度挖掘式的宣传报道,从开始之初就与传统的省市广播电视台、省市主流纸媒以及新媒体平台签订了宣传报道协议,每年活动从开始之前的预热,到活动全过程的跟踪报道,再到活动结束的总结宣传专题片制作,7年来从未间断。各主办、承办、协办单位的网站、微信平台、视频号及时更新发布活动内容等共同构建的全平台"联合报道+融合发声+立体传播"的全媒体宣传矩阵,对活动的宣传推广起到了积极的作用,也是该项活动可以形成品牌,持续开展并且获得越来越多家庭接受的重要原因。

活动开展7年来先后有中国网、新华社、云南网、云南日报、春城晚报、云南广播电视台新闻频道、昆明广播电视台新闻频道、都市频道、少儿频道、昆明日报、都市时报、云广传媒、昆明信息港等十余家媒体以较大篇幅对该项活动进行了全方位的报道。活动专门制作的公益广告也持续在省市广播电台、电视台播放,成了昆明市公共图书馆阅读推广活动的形象宣传广告。

1. 传统媒体宣传

传统媒体是相对于近几年兴起的网络媒体而言的,传统媒体包括纸质媒体、传统的模拟广播电视,传统媒体的发布者和接受者定位非常明确,信息是发布者发布的,接受者只能被动地接收,不论喜欢与否,无从表达对信息的看法。因此,传统媒体的互动性相比新媒体较差,娱乐性也因此较低,对于儿童及青少年来说缺少了吸引力,但在大众认知上传统媒体还是具有一定的信誉度和认可度,特别是主流党政媒体还是传统媒体的主要推动者。对于"21天亲子阅读"活动这样政府组织开展的公益性文化活动,利用传统媒体宣传还是宣传推广的主力军。加之现在的主流纸媒也开始与新媒体融合,建立起一个支持文图、音视频、短信、微信等等一体化的"信息终端",提升了传统媒体的生产力与核心竞争力[7]。省市主流纸媒云南日报、昆明日报、都市时报及其客户端几年来都以专题报道形式持续对活动进行跟踪报道。传统媒体对"21天亲子阅读"活动的报道如图4-3至图4-7所示。

第四章　公共图书馆亲子阅读活动昆明模式的创新维度

图4-3　昆明电视台公共频道新闻报道

图4-4　昆明教育电视台新闻报道

图4-5　昆明教育电视台新闻报道

图4-6　《昆明日报》第4版报道

图4-7　《潇湘晨报》转载昆明信息港活动报道

2. 新媒体宣传

异军突起的新媒体宣传报道对于"21天亲子阅读"活动的宣传推动作用是巨大的。中国人民大学新闻学院教授匡文波在《到底什么是新媒体》一文中表达了自己的看法，他认为新媒体包括网络新闻网站、社区、论坛、自媒体等。特有的数字化、互动性的特点，是新媒体的根本所在。"新媒体"较传统媒体而言，其所具有的互动性、平等性、融合性、海量性、即时性、碎片化等六大特性比传统媒体更加新颖且吸引人。[8]。

"21天亲子阅读"活动利用昆明市15个公共图书馆微信公众号以及县级融媒体平台、第三方合作机构的相关平台、视频号、网站、打卡程序等新媒体平台进行广泛宣传。随着活动新媒体报道的不断增加，互动性、即时性等方面的加强，让活动的公众知晓度、认可度持续提升。同时，在利用新媒体平台进行即时宣传发布方面，主办方也进行了创新实践，跟踪活动进程拍摄的多条30秒小视频及时发布活动内容，便于在微信朋友圈进行即时传播，加快了活动的传播速度，让更多的受众第一时间了解到活动的内容、动态，感受到活动带来的魅力和影响力，也影响着更多的家庭不断加入活动中来。据不完全统计，每年活动报名截止后都有近千个家庭继续参与到活动中来，虽然按活动规划规定报名截止后加入的家庭就不再有参加评奖的机会，但仍有很多家庭表示不是为了得奖，就想带着孩子来感受这个活动带来的乐趣和坚持阅读、培养良好阅读习惯得到的收获，同时也为有机会参与这样一个有影响力的阅读活动而感到高兴。这就是活动自身魅力加上新媒体宣传的影响力带来的赋能效应。新媒体平台对"21天亲子阅读"活动的报道如图4-8至4-13所示。

第四章 公共图书馆亲子阅读活动昆明模式的创新维度

图4-8 昆明文明网昆明要闻板块报道

图4-9 今日头条教育版块报道

"21天亲子阅读"在市图书馆启动

2018-09-16 10:03:11　来源：昆明信息港

昆明信息港讯（昆明日报 记者王姗）昨日，2018春城文化节"金秋诵雅"——"21天亲子阅读"活动在市图书馆正式启动，活动将持续至10月5日，期间由作家、老师组成的21位领读者将在线上为参与者分享阅读体验。

据介绍，由市文化广播电视体育局、市文明办主办，市图书馆承办的本次活动以"扣好人生第一粒扣子——经典润童心 乡土沁我心"为主题，属于官方公益性活动，不收取任何费用，旨在培养全市未成年人阅读习惯。据了解，"21天亲子阅读"活动的阅读书籍、地点不限，主办方将进行阅读书籍推荐，包括"优秀少儿读物""优秀绘本""国学经典""乡土文学"等主题。同时，"感受国学之美""读懂中国"原创绘本阅读、"我与作家面对面"等围绕线上阅读主题的线下活动将同步展开。活动结束后，市图书馆将组织参与活动的家庭进行线下交流分享，与广大读者交流阅读体会及活动心得，同时颁发百优参与奖。

据悉，"21天亲子阅读"活动自2015年举办以来，至今已进入第四个年头，从2015年至2017年，参与家庭从236个增加至10975个，多读书、读好书的理念已经融入更多家庭。"21天亲子阅读"活动于2015年荣获图书馆界、出版界主办的"全民阅读年会优秀案例评选"一等奖，2016年获得全国"亲子绘本阅读推广月活动"二等奖。

编辑：文丽荣　责任编辑：徐婷

图4-10 昆明信息港报道

图4-11 掌上春城报道

· 127 ·

图 4-12　昆明信息港报道　　　　　图 4-13　云南网报道

（四）旅游企业合作

公共文化服务与旅游相融合是文化和旅游两大机构合并带来的必然发展趋势。2018 年 3 月，根据党的十九届三中全会审议通过的《中共中央关于深化党和国家机构改革的决定》《深化党和国家机构改革方案》和第十三届全国人民代表大会第一次会议批准的《国务院机构改革方案》，整合文化部和国家旅游局的职责，设立中华人民共和国文化和旅游部，中国文旅融合迈入新的时代。基于国家政策的推动及机构改革的调整，文化与旅游的融合发展进入了实质性推进阶段。公共图书馆服务与旅游的融合发展也在亲子阅读活动中得到了有效的体现。

2019—2020 两年来，"21 天亲子阅读"活动为贯彻云南省文化和旅游厅关于开展红色旅游系列活动和开展"我和我的祖国"主题读书活动的相关要求，赞颂新中国成立 70 年来的伟大成就，结合文旅融合发展新要求，在"21 天亲子阅读"活动中创新融入了线下实地打卡相关活动，把阅读与历史文化旅游景点、红色旅游资源相结合，与相关旅游企业签订合作协议，以旅游产品作为活动奖品。昆明市图书馆通过对企业提供的旅游景点、旅游产品进行内容的筛选和质量的把关，特别是 2020 年，在根据新冠疫情防控相关规定进行活动形式的严格要求的前提下，为参与家庭提供线下旅游景点实地打卡活动，为获奖家庭提供旅游产品体验，内容包括"古滇疯狂游乐园""科学总动员""微距下的小世界"等别具一格、寓教于乐的文旅融合体验产品,打破了以图书等单一文化产品作为奖品的惯例,得到了家长和孩子的一致好评。同时,在新冠疫情对旅游企业造成严重影响的情况下,与旅游企业的合作既有助于旅游企业的宣传、旅游产品的推广,助力旅游企业的复工复产,又让参与活动的家庭在图书馆对旅游产品严格把关的前提下,获得了一次难得的旅游体验,这也是公共图书馆与旅游业融合发展的有益尝试,同时也体现出了昆明市图书馆的社会责任担当。

(五) 阅读推广人合作

2012 年起,"阅读推广人"的称谓开始出现在广大社会公众的视野当中。根据推广对象的不同,阅读推广人的分类也不一样。2012 年 6 月 17 日,全国首个由政府部门组织的"阅读推广人专业培训班"在深圳举办,主要集中于儿童阅读推广。此后,"阅读推广人"制度在不少城市的公共图书馆得到推广[9]。

从开始的单一绘本作家领读逐渐发展到聘请多名学者、作家以及行业精英作为 21 天的"每日一师"领读者"21 天亲子阅读"活动,从 2016 年开始设立了领读者环节,由领读者推荐不同领域、不同风格、适合不同年龄段阅读的图书,力求让活动推荐的图书内容丰富、精彩纷呈,更具吸引力和推广价值。同时借助领读者的专家实力、名人效应,扩大图书馆活动的知名度,吸引更多的家庭积极参与到活动当中来,这是全民阅读推广的有效手段和举措。担任领读嘉宾的领读者,由昆明市图书馆统一颁发"阅读推广人"证书,聘请为昆明市公共图书馆"阅读推广人",参与到全市范围公共图书馆的全民阅读推广活动当中。对于有意愿参与公共文化服务、热爱阅读并且有公益情怀的领读者来说,这无异于是崇高的荣誉,也吸引着无数的社会名人、专家学者投身到公共图书馆的阅读推广活动中来,对于公共图书馆的全民阅读推广起到积极的推动作用,对于营造全社会热爱阅读、崇尚阅读、推广阅读的风气形成也起到了积极的作用。"阅读推广人"证书如图 4-14 所示。

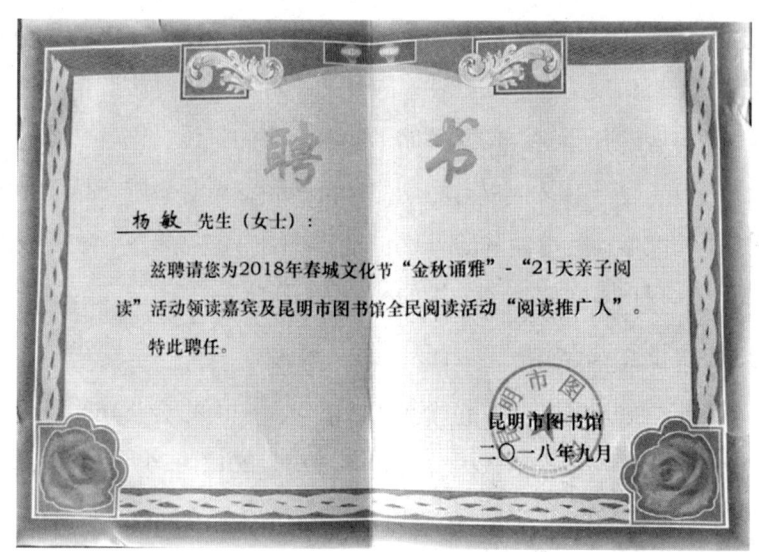

图 4-14 "21 天亲子阅读"活动"阅读推广人"证书

（六）社会志愿者合作

公共图书馆作为服务大众的公共文化服务机构，与志愿者服务在属性上具有天然的联系，两者在精神内核上都强调无偿、奉献与服务，也都以促进社会进步为主旨。公共图书馆招募志愿者的行动始于 1996 年，由福建省图书馆始创。此后，许多公共图书馆都引入了志愿者服务。在公共图书馆引入志愿者服务，能够实现优化图书馆人力资源配置，缓解因人员不足导致的服务缺口，同时优化现有馆员的知识结构，吸纳广泛的专业背景，引导公众更为深入地融入公共图书馆的文化氛围，此外还能够深入探索社会共管模式，提升图书馆公共文化服务的内涵[10]。

1. 优阅妈妈团队

昆明市公共图书馆的亲子阅读活动组建了一支志工妈妈团队——"优阅妈妈团队"，这是一支由文化素养较高并且爱好阅读，关注自身和孩子成长，致力于建立学习型家庭的妈妈组成的志愿者团队。妈妈们利用业余时间积极参与"21天亲子阅读"活动群管理、活动内容的答疑解惑、阅读分享感言的初评、活动宣传、线下分享会会务工作。这些志愿者妈妈自身具有极高的参与热情，丰富的活动经验,耐心细致的工作作风。这样一支有专业能力、有工作热情、有较高素质的志愿者团队的建立,可以向社会撒播知识和爱心,以便将正确的教养方法和阅读方法传授给更多的家长,最终让孩子和家庭获益。

2. 大学生志愿者

图书馆作为大学生工作实践的重要基地,对于处于相对封闭环境的高校学生具有较强的文化包容性,服务性特征明显,可为大学生志愿者提供良好的工作体验,不仅仅是工学一体场所,也可以作为一个良好的职业素养培育场所。[11] "21天亲子阅读"活动7年共招募了近百名大学生担任志愿者,为活动的开展注入了新鲜的血液,也让这些志愿者在踏入社会、职场之前得到了较好的工作实践以及社会责任感的培养。活动采用志愿者社会公开招募的方式,召集到云南省多所高校的大学生志愿者参与到每日最感言、最美游记评选、活动群管理、线下分享会会务工作当中。由于大学生志愿者都接受过系统的高等教育,具有较高的综合素质和思想品质,掌握了一定的专业知识和技能,而且在开展志愿活动过程中组织纪律性较强、社会责任感和创新意识较强、工作效率也较高,因此对活动的开展具有积极的促进作用。但同时,由于大学生志愿者自身原因,比如自身性格、空闲时间、精神状态、爱好特长、专业知识、活动自身的吸引力等因素影响,也存在流动性大的问题,故在提供志愿服务的时间上也会有不确定因素,需要在招募公告中明确工作任务、职责分工、工作时长、持续时间等相关内容,以确保志愿者在活动开始后的工作连续性与稳定性。"21天亲子阅读"活动优秀志愿者证书如图4-15所示。

总结"21天亲子阅读"活动志愿者工作也存在一定的问题:其一,志愿者管理机制不健全,对志愿者的管理仅停留在浅层管理上,没有较完善的管理制度,易造成人员流动问题;其二,图书馆对志愿者的培训机制不完善,未提供系统化的培训,一次活动进行一次招募,仅限于对活动具体内容进行基本培训,未能给到志愿者以系统全面的公共图书馆服务意识、服务职能、服务规范以及人文情怀方面的培训,对志愿者的整体能力提高有所欠缺;其三,活动招募前,未了解志愿者自身的服务需求,会造成期望与现实的落差;其四,志愿者的激励机制不完善,服务工作质量无相应评估体系。国外对2000多名工人进行测试时发现,

图 4-15 "21 天亲子阅读"优秀志愿者证书

如果没有激励，一个人的能力发挥将仅为 20%～30%；如果给予适当的激励，其通过自身的努力，能力可发挥到 80%～90%。国外对志愿者们的激励是多方面的，包括物质激励和精神激励，不仅为志愿者购买保险、提供午餐，有时还会提供一定的补贴和优惠。昆明市公共图书馆的公益志愿者服务未能以更规范更有效的方式刺激志愿者的工作热情，一定程度上不利于志愿者工作的高质量开展[12]。

第四节 利益均衡

公共图书馆的知名度、美誉度、公众认可度及自主品牌是吸引社会资源进入的重要因素，社会化合作是一个纷繁复杂的过程。活动主办方与社会力量在合作过程要从多角度考虑合作双方的利益诉求，以期达到合作共赢，利益均衡[13]。

一、公益性原则

公益性原则是图书馆的立馆之本，得到全世界各国图书馆界的广泛认同。国际图联于 1975 年明确将图书馆性质界定为公益性的文化教育机构。公共图书馆自带的公益服务属性，即服务于广大群众，满足群众的多元文化需求。自党的十八大以来，党中央对进一步转变政府职能、优化公共服务做出重大部署，明确要求公共服务领域要更多地利用社会力量，加大政府购买服务力度，促进公共服务的社会化发展。越来越多的公共文化机构开始探索面向社会寻求合作，通过购买服务的方式获取更多的社会资源，弥补公共文化政府投入不足、文化单位人才不足、创新思维不足等"瓶颈"问题。

"21 天亲子阅读"活动自 2015 年首次开展就与社会文化教育机构合作，几年来，先后与十余家社会机构或跨领域的图书馆开展了项目合作，基于公共图书馆服务的公益性原则，无论与任何性质的社会机构合作，全过程均坚持全免费的公益性原则。合作方式主要包括以下几种。

（一）政府出资向社会力量购买服务

活动主办方面向社会公开招标，选定合作对象，双方签订合作协议。主办方负责活动的整体把控，中标方具体执行合同内容，双方在基于合作协议的法律约定下，共同完成项目内容，无利益冲突。

（二）社会力量以公益性目的参与活动项目

在双方协商基础上社会力量为图书馆提供其公益服务内容，共同完成项目其中的部分活动，双方无经济利益，均寻求社会效益以及自身形象的宣传。

二、契约原则

契约原则是理性的社会成员在理想的状态下，为求得社会成员的各自的自然权利，实现社会和谐而达成的理性契约。公共图书馆随着社会化合作日益广泛，合作对象日益增加，合作内容日益丰富，存在的合作风险也日益增大。由于公共图书馆向社会机构购买服务或者通过合作方式提供的内容是公益性的公共服务，在很大程度上限制了合作方在提供服务过程中可能获取的利益。合作方并非都是非营利组织，或多或少都有一定的商业诉求，通过与公共图书馆的合作很难获得较高经济收益，因此，部分社会机构会在合作过程中通过变向逐利来达到其获利的目的，或者通过提供违背合同约定范围的有偿服务，或者降低服务质量，或者通过向主办方进行贿赂来达到逐利的目的。因此，公共图书馆需要借助法律手段签订合作协议，对合作方进行行为约束，建立一套健全的管理工作机制以及评估标准对合作对象进行考核评估，形成图书馆与社会力量之间平等、合作、共享的契约关系。"21天亲子阅读"活动在与社会机构合作时做了以下工作。

（一）做好事前评估

"21天亲子阅读"活动在寻找社会合作方前，提前进行多方调研，首先，确定具有投标资质的合作方；其次，评估图书馆活动的需求点与社会合作方的需求点是否匹配，寻找适合社会力量和图书馆活动的利益共同点，达成合作意向，同时做好前期保障工作。

（二）签订合作协议

寻找到适合的社会合作方后，签订合作协议或服务合同，详细规范合作方在履行合约时的权利及义务，在法律条款约定的前提下共同完成活动内容。

（三）完成绩效评估

通过绩效评估的方式，对合作方的合同执行成果进行全方位的评估，也是重要的社会合作约束手段之一。建立评价机制，组成由政府机构、业界专家、社会公众等评价主体组成的评估方，以提高图书馆社会合作项目绩效评估的独立性、公正性和社会公信力。从文化、经济、社会等多个维度，结合参与者评价和第三方评价对该活动或项目做分析，既是总结完善，也是有效反馈。通过绩效评估和活动成果展示，可以对社会合作方进行全方位的评估，既有利于政企合作模式的进一步完善，又有助于对社会合作方进行宣传推荐，保障合作长期开展并且不断优化、持续发展。同时可以此作为促进社会合作方服务质量提升的有效手段，起到培育社会力量发展的积极作用，从而实现合作共赢的目的[14]。

"21天亲子阅读"活动在每年活动结束后，均组织相关政府主管部门领导、公共图书馆相关专家、社会合作方代表、专家学者、活动参与家庭、媒体机构代表等进行活动绩效评估及意见反馈，以期进行活动全过程、多维度的总结评估及意见收集，指导后续活动的开展。

三、合作共赢原则

共同的目标是双方合作能够顺利进行的先决条件。公共图书馆寻求与各类型社会机构合作，最终目标在于实现双方的互利共赢。因此，作为活动主办方的公共图书馆要始终明确活动边界，找准图书馆项目目标与合作方的平衡点，厘清图书馆与社会合作方间的边界点，积极关注合作方需求，充分重视合作方的多元化利益诉求。尽管合作开展"21天亲子阅读"活动必须以实现社会公益性为前提，但这并不意味着就必须禁止合作方的一切商业性诉求，否则就会影响合作方的参与积极性。活动主办方针对这一问题，适当地给予了合作方进行商业宣传的权利，创新了合作过程中商业宣传的表现形式。例如，在活动方案、宣传海报、新闻媒体的报道中对合作方进行点名，邀请合作方代表参与线下分享会现场互动，通过新闻媒体渠道公开对合作方给予感谢等，同时利用"21天亲子阅读"活动线上活动建立微信群的独特方式，让合作方在双方法律约定的基础前提下，在不损害图书馆公益形象、不违背图书馆公益服务原则的前提下，利用活动建立的微信群给合作方相应的流量获得以及形象宣传，这些举措都有效地激发了社会合作方长期参与合作的热情，实现了双赢的目的[14]。

第五节 宣传评价

阅读推广活动宣传和效果评价环节，一直是公共图书馆的难点和"痛点"。公共图书馆举办的公益活动取得良好社会效益的需求远远大于经济效益，因此，衡量公共图书馆阅读活动好坏的一个重要的标准就是其是否有较大的社会影响力和社会知晓率。想要达到上述目标，很大程度上取决于新闻宣传评价工作，新闻宣传工作能否取得较好的效果，策划的好坏是决定性因素[15]。

2015—2021年7年来"21天亲子阅读"活动在活动宣传评价方面积极改进工作方式，结合活动每年不断融入创新内容的特点，提前制订宣传方案，根据活动自身深度挖掘新闻点及亮点，从活动方式、活动内容、参与家庭、领读嘉宾、感言分享、深度访谈等多维度、多环节提炼新闻宣传素材,为媒体宣传提供第一手鲜活材料。在新闻媒体宣传评价的同时,通过参与家庭、领读嘉宾、专家学者的宣传评价,形成了对"21天亲子阅读"活动的立体的矩阵式的宣传评价体系,让活动在影响力、知晓率、评价度上取得了较好的效果,保障了活动持续性举办的热度和品牌活动的健康发展[16]。

一、媒体宣传评价

"21天亲子阅读"活动通过多种媒体平台,加大全媒体宣传,借助广播电视、传统纸媒网站、微信公众号、视频号、抖音平台等多种方式,构建起全媒体宣传矩阵,加大对活动的深层次、持续性报道,扩大活动影响力,同时建立阅读微信群,增加了参与者与图书馆的互动,立体式营造社会公众看得见、听得到、参与得了的社会阅读氛围。活动先后吸引了中央、省市级媒体的竞相报道,中国网、新华社、云南网、云南电视台、云南日报、昆明日报、昆明电视台、昆明信息港等各级各类传统媒体、新媒体平台或是以新闻报道方式,或是以专题片形式,或是以连续跟踪报道的方式对活动进行了全方位、多维度的宣传报道。同时,还创新启用了热爱阅读的小朋友及其家庭共同参与制作了活动公益广告在广播电台持续播放,孩子们纯真的声音也由此飞入了春城昆明的千家万户——"家不在大,有书则灵"!这一公益广告核心用语成为众多家庭的座右铭,在营造昆明市全民阅读氛围中起到了积极的促进作用。

二、参与者宣传评价

一个活动要获得好口碑离不开参与者的亲身感受宣传。"21天亲子阅读"活动自2015年举办至2021年,历经7年,参与家庭从2015年的236个到2021年的13 081个,参与家庭数的不断增加,除反映了活动本身具有较强的吸引力外,同时也与媒体的宣传评价有关,但更多的是来自参与家庭参与活动的亲身感受,通过参与者自身的宣传评价带来的口口相传的宣传效果,远胜于外部评价的影响。自2015年活动开展之初,主办方的活动方式之一就是让参与家庭的家长把每天的阅读感言分享到自己的微信朋友圈,再截图发到主办方的活动后台,这样的方式既让亲子阅读活动自身借助微信这样传播力极强的新媒体平台进行广泛的宣传,也借此让阅读的氛围弥漫于每个参与家庭、每个人的身边。参与家庭在阅读感言中表达的真实客观的切身感受以及对该活动的高度评价影响着周围的人,一段时间内,人们以在微信朋友圈分享阅读内容、分享阅读感悟为时尚。一时间,阅读成为昆明人的一种风尚,一个人人热爱阅读、参与阅读的浓厚氛围在这座城市悄然形成。

利用微信平台巨大的传播力,活动在昆明的知晓度迅速上升,不少家庭都是在自己的微信朋友圈里看到活动开展的信息而自发加入活动当中的,也有不少昆明市以外的地区甚至是省外的家庭看到这样的信息也慕名加入活动当中。这既是新媒体平台宣传的效应,也是活动参与者自身宣传的巨大作用。

三、合作机构宣传评价

社会合作机构对项目合作效果的评价好坏,直接关系到社会合作运行的可持续发展。"21天亲子阅读"活动一直坚持"统筹规划、公益主导、利益均衡"的原则积极引入社会力量参与,先后有十余家合作机构参与到活动合作中,均取得了较好的合作评价。活动项目能否取得预期效果,获得社会及参与者的认可,不仅仅看媒体宣传报道,或是参与家庭的反馈,或是参与人数的不断增加,更要看社会合作力量的评价与反馈。图书馆利用与合作方在项目运行中的优势互补,不仅获得了创意、人力、资源等方面的补充,而且也借助合作方的不同业态、不同领域宣传平台向更多的受众进行着活动的宣传推广。同时图书馆也从单纯地购买服务,走向更深度的合作,走向可持续发展的方向。图书馆通过项目合作的方式,与社会机构建立起相互信任的合作关系,社会机构的反馈评价越高,参与公共图书馆服务的热情也就越高,活动取得的效果也必将更好。图书馆加大对社会力量的引导扶持力度,鼓励引导优质社会力量参与公共图书馆服务供给,培育凝聚优质、专业的社会力量参与到公共图书馆服务中来,形成政府向社会力量购买公共文化服务的持续健康发展,这是公共图书馆阅读推广自身的需求,也是公共图书馆在社会文化治理体系建设中应该承担的责任。

四、阅读推广人宣传评价

"21天亲子阅读"活动的亮点之一就是"领读者"的广泛参与。该项活动先后邀请到80余位活动领读者，他们来自社会不同行业，都是在各自领域中有所建树的行业精英或领军人物，他们本身就具有为人推崇、受人尊敬的宣传效应。加之这些"领读者"们热爱阅读、热心公益、乐于服务、乐于奉献，这种精神通过项目的持续推进感染着更多的人。同时，"领读者"们也通过参与该项活动对公共图书馆的阅读推广活动有了进一步的认识、了解，通过他们各自不同的领域向社会更广泛的层面进行着阅读推广的宣传与产生影响。昆明市图书馆向这些"领读者"颁发了"阅读推广人"证书，聘其为昆明市公共图书馆阅读推广人，使他们广泛地参与到全市的全民阅读推广活动中，对该项活动以及全市公共图书馆的全民阅读推广活动起到了积极的正面宣传作用。

第六节　价值挖掘

一、促进亲子阅读回归儿童本位

儿童本位理念就是以儿童为中心，遵循自然原则，以儿童视觉，从儿童心理角度出发，考虑儿童的接受能力，顺应儿童的天性，以激发儿童的天赋能力。

亲子阅读活动应该让儿童获得与人沟通的一系列经验，比如情感态度经验、行为经验、认知经验、社会文化经验等。从儿童的自身出发，从儿童的个体差异出发，认识到阅读兴趣的培养最终是要让孩子养成自主阅读的习惯，这样的亲子阅读才能称之为"悦"读。

"21天亲子阅读"活动经过多年的探索，逐步确立了立足儿童阅读本位的原则，从儿童出发，剔除成人观，充分考虑到儿童阅读的环境条件、阅读兴趣、感情需求、心理需求、阅读感受、科学指导等多项从儿童自身出发的主客观因素，考虑到孩子因乐趣而阅读，便会潜移默化地得到语言能力的培养和提升，更能在阅读中得到心智和人格的成长。在活动内容中更多考虑的是从儿童出发，而不是单纯从活动出发，不是为活动而举办活动，而是为了让儿童更多地获得亲子陪伴阅读带来的阅读乐趣、情感需求、心理满足和习惯培养，而非带有功利性的目的去阅读。

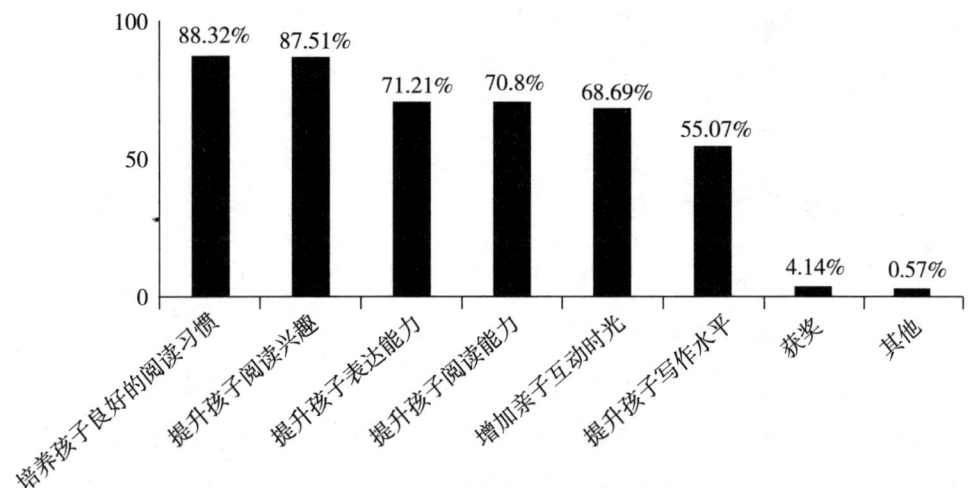

图 4-16 "21 天亲子阅读"活动的目的

2021 年，活动主办方通过问卷（见附录）方式，对参与活动的家庭做了调查，在对调查结果进行分析后，得到如图 4-16 所示的"21 天亲子阅读"活动目的情况，从图中可以看出，几乎绝大部分选项的占比都超过了 50%，特别是培养孩子阅读习惯、提升孩子阅读兴趣和阅读能力，占比将近达到 90%，说明家长们对活动本身是高度认可的，对孩子在阅读方面的教育也是非常重视的。以获奖为目的的亲子阅读仅占 4.14%，这也表明了绝大多数家长在参加活动中并没有太多功利心，更多的还是以满足孩子自身成长或教育需求为目的。

主办方在几年中不断调整活动内容，增加寓教于乐的、适合不同年龄特点的阅读内容和活动方式。从单纯的绘本阅读到书籍的广泛涉猎，从不分年龄段的统一阅读推荐到分类阅读、分级指导；从单一领读者到阅读推广人的集体荐书；从线下阅读线上分享到线下阅读线上分享与实地打卡相结合，加上分主题、分类型的线下阅读分享会的互动交流等活动方式变化,围绕顺应儿童天性,更多地把选择权交给儿童,让儿童以开心愉悦、充满新鲜感的阅读体验回归儿童阅读的本位。

根据统计分析也可看出,由于参与活动的家庭众多,不同家庭亲子阅读的目的也不尽相同。因此,针对不同的亲子阅读需求,或是儿童自身对阅读的个性化需求,在原有分类阅读、分组指导的基础上,可以根据阅读能力分级开展活动,不断提高导读的针对性和专业性,这样做更有利于专业的阅读指导,亲子阅读效果也能得到更大提高。

二、重视儿童阅读的输出

阅读输出就是将书中所获得的知识、信息转化成自己的认知,并运用到生活中的过程。阅读全过程应该包括输入、处理、输出三个环节。目前,多数的亲子阅读活动更多注重的只是儿童输入这一环节,力图让更多的儿童能够做到有大量的阅读输入,而忽略了阅读输出,单纯靠儿童自己去理解内化阅读内容,势必会造成记忆的不牢靠和理解的偏差,儿童的阅读体验感会大打折扣,甚至出现"厌烦"情绪。同时,阅读输出也是检验儿童对阅读内容的理解,可以帮助其有效地吸收阅读内容的重要手段。

阅读输出的方式有很多,比如演讲、写作、分享等等,如果觉得自己口才不行,可以用写作的方式输出,将自己阅读的内容和想法写出来,分享出去,这也是一种阅读输出方式。从图4-16可以看出,有关孩子阅读输出的表达能力认可度占比71.21%,写作能力占比55.07%,皆超过半数以上,达7成之多。说明家长和孩子对阅读输出的重视达到了较高的程度,也说明了现代家庭对阅读全过程的理解有着较高认识。这对今后公共图书馆开展亲子阅读活动有一定的启示。

在专业的指导下有意识地进行阅读的输出,可以培养儿童的阅读兴趣和表达能力,培养其阅读素养。而交流和分享是阅读最好的输出方式。"21天亲子阅读"活动努力营造家庭、学校、社会共同"输出"的环境。通过"家长课堂"指导家长认真倾听孩子对书籍的看法、理解,相互分享阅读经验,陪伴孩子进行阅读拓展;通过联动社区、学校和社会力量,共同组织儿童开展阅读主题活动和线下分享会，让孩子和家长共同参与讨论分享，共同表达和展示。

线下阅读分享会是儿童阅读"输出"最好的平台之一。主办方通过说、演、唱、画、手工制作（图4-17）等多种形式为儿童提供表达感受和看法的机会。

2018年，"21天亲子阅读"线下分享会"原创绘本阅读"延伸活动在云南财经大学幼儿园举行（图4-18）。小朋友们通过绘本老师讲解的《好饿的毛毛虫》，让孩子边阅读，边吃"苹果、梨子、李子、草莓、冰激凌、棒棒糖……"孩子们不禁惊呼，"哇，这本书，太美味了！"例如，"原创绘本阅读"延伸活动，通过《一园青菜成了精》这本画面感极强，语言极富韵律感的北方传统童谣绘本，在阅读过程中通过节奏的变换和把握，让孩子们更加直观地感受语言文化的魅力。通过语言的描述，结合"拼贴"这一艺术表现手法，让孩子们充分想象蔬菜大战的场景，并巧妙利用蔬菜这一特殊的"媒材"，利用拼贴的方式，让孩子们把歌谣中描绘的场景通过创意拼贴画的形式创作出来，更能加深孩子对该书以及书中所蕴含的传统文化元素的理解。

图4-17 2017年线下手工制作活动

图4-18 2018年线下活动"一园青菜成了精"

阅读感言分享一直是"21天亲子阅读"活动的重要环节。7年来感言分享从开始时以父母撰写居多，发展到更多孩子自己写，从单一的文字撰写到平台支持孩子以音频、视频的方式上传阅读感言，这种方式的变化不仅让孩子有机会真实地表达自己的阅读感受，更是一次鼓励孩子勇于表达观点的好机会，不仅可以增加孩子阅读的兴趣，更能对其性格的塑造、自信心的增强起到较好的作用，同时也是阅读输出更为直接、有效的方式。在潜移默化中让儿童从"要我读"变成了"我要读",让阅读成为习惯,充满乐趣。虽然从图4-19统计结果来看,"视频感言"认可度占比仅为36.01%,但2021年"视频感言"属于首次使用,多数家庭在运用方面还显生疏,影响了使用效果和体验感,但它仍然不失为一种有效的"输出"方式。

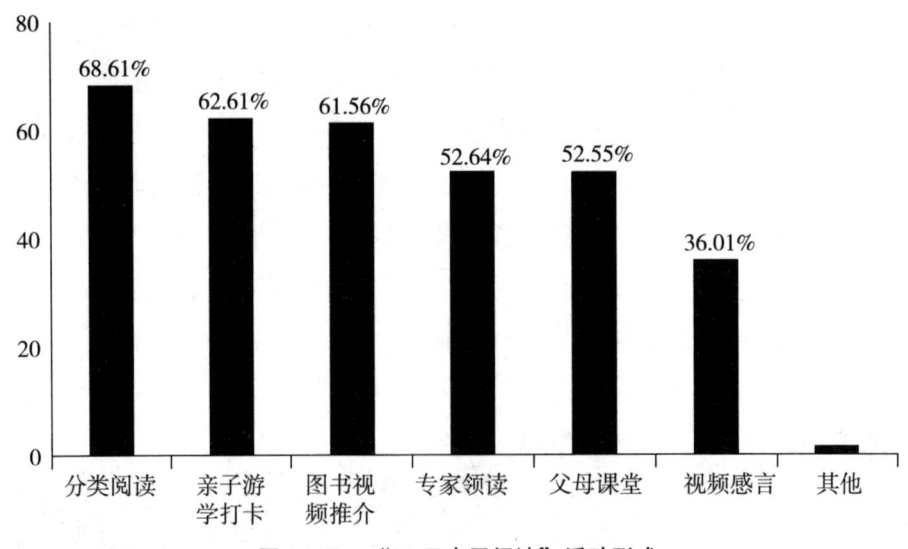

图4-19 "21天亲子阅读"活动形式

三、提升活动吸引力,持续保持阅读积极性

作者通过第二章"国内外亲子阅读活动案例的分析研究",发现几乎大部分的亲子阅读活动都是单一的活动主题,在相对较短的时间内完成活动内容。当一项亲子阅读活动持续开展几年或是发展到一定程度,基于改进方法、检验成效和拓宽视野的需求,家长和孩子都需要更大的平台与更专业的团队来支持亲子阅读活动的持续进行[17]。

"21天亲子阅读"活动在7年的发展历程中,不断探索创新活动方式、丰富活动内容,使其不断增强吸引力和凝聚力,参与者黏性增强,参与家庭屡创新高。高规格的组织建制,昆明市14县(市)区的联动开展,全市公共文化服务品牌的支撑，使活动平台不断扩大。在每年超过万数的参与家庭中努力赢得奖项、获得优胜、展示自我、展示阅读、学习成果的动力持续激发着家庭和儿童的阅读积极性，使其成为黏性更强的参与者。不同领域、不同专业、不同学术背景的领读者荐读领读，分类阅读、分组指导，更是具有针对性的个性化活动内容，而且更有专业性指导作用。特别是文旅融合创新的线下实地打卡环节，让参与家庭不论是孩子还是家长皆耳目一新。与亲子阅读活动本质精准契合，让家庭在亲子阅读的过程中，在主办方精心挑选的实地打卡点走访过程中体会了阅读的"动""静"结合之美。这样的阅读方式对于儿童这个群体来说，更有利于帮助他们持续保持参与的积极性，并且培养坚持完成目标任务的坚韧品格。

通过图4-19"21天亲子阅读"活动形式的分析发现，各项活动都普遍受到大家的欢迎。其中最受欢迎的是"分类阅读"，占比达到68.61%；这也说明家长和孩子非常需要更有针对性、更专业的阅读活动内容。其次，"亲子游学打卡"占比62.61%，说明动静结合、寓教于乐的活动形式为大多数家庭所接受。因此，亲子阅读活动应围绕"新颖、有趣、专业、有效"的活动宗旨，不断推出形式各样的活动方式。

四、培养图书馆素养，提高国民文化素质

对于儿童来说，"图书馆素养"就是利用图书馆让儿童从小掌握学习的方法，培养良好的阅读习惯和多元的阅读兴趣。培养儿童的图书馆素养是公共图书馆最基本的使命。当前，中国教育提倡的是素质教育，素质教育其中很重要的一点就是"图书馆素养"。

"打造创新型社会，创新从哪里来？从阅读中来。"全国政协委员、国家图书馆副馆长陈力这样定义阅读在创新型社会打造中的作用。作为基础性阅读，全民阅读影响的是国民的文化素质。但是目前我国公共图书馆发展面临的最大问题已经不是资金投入问题，而是社会需求问题，换言之，就是需求不足，公众较少到图书馆来。国外的儿童，遇到学习和生活的问题，大多会选择到图书馆查阅资料寻找解决答案，这间接反映了他们的图书馆素养和图书馆意识。

通过图4-19统计分析可知，有62.61%的家长认为活动中亲子游学打卡环

节更有意义、更具吸引力。根据对部分打卡家庭访谈发现，在众多线下实地打卡点中，许多家庭在此之前没有带孩子进过一次公共图书馆，公众对于图书馆的认知度和知晓率反映出国民的"图书馆素养"亟待提高，也反映出图书馆在自身宣传推广以及服务水平上还需不断提高。

许多家庭表示，通过活动的参与让他们增长了知识，了解了昆明市这些优秀的人文历史景点，也了解了全市公共图书馆的分布，了解到在图书馆可以得到什么样的服务，有利于今后更高效便捷地利用公共图书馆的免费资源，表示今后将会参加更多公共图书馆举办的活动。可以看出，"21天亲子阅读"活动这个全民阅读的小小切入口，不仅起到了提高公共图书馆的知晓率，增加公共图书馆服务普及率的作用，而且对于昆明市公共图书馆的整体宣传以及市民"图书馆素养"培养也起到了较大的推动作用。从儿童阶段进行阅读推广，以科学的态度指导儿童阅读的推广工作，将心理学、教育学中最新的实证研究成果引入其中，使全民阅读的种子植根于儿童心中，从儿童阅读素养开展培养，可以不断提高国民整体素质。

五、推动科学家教理念传播

自孩子出生起，养育和教育便成了贯穿父母一生的两件大事。苏联教育家苏霍姆林斯基曾说："无论您在工作岗位的责任多么重大，无论您的工作多么复杂，多么富于创造性，您都要记住：在您家里，还有更重要、更复杂、更细致的工作在等着您，这就是教育孩子。"我国图书馆学家杨昭悊先生在1923年所著的概论性论著《图书馆学》的专章"图书馆和教育"里就系统论述了图书馆具有对国民实行家庭教育、学校教育和社会教育三大功能的内涵和作用，三大功能相互促进，互为补充[18]。图书馆所特有的自主教育功能，与被动学习相比，更能达到促进读者潜移默化的学习效果，起到家庭教育无法达到的效果。近年来，公共图书馆作为增长知识、陶冶情操、启迪智慧的重要场所之外，通过开展丰富多彩的全民阅读活动，也在传播科学家教理念方面起着重要的作用。

注重家庭、注重家教、注重家风，促进家庭和睦，促进一下代健康成长，使千千万万个家庭成为国家发展、民族进步、社会和谐的重要基点，是2015年2

月 17 日习近平总书记在春节团拜会上的讲话。昆明市"21 天亲子阅读"活动正是这一精神的具体践行。该活动让儿童通过参与持续 21 天不间断的阅读，其目的在于培养儿童良好的阅读习惯，让他们养成锲而不舍、坚韧不拔的品格，而不是为了获得最后的奖项或是与他人一争高下，因而此项活动奖项设置并不多，奖品价值也不高，均为鼓励儿童从活动中感受到坚持的力量、阅读的快乐与亲子陪伴的温暖。通过专业科学选取的适合相应年龄段阅读的图书，在愉快的阅读过程中，在亲子陪伴的环境里，达到潜移默化的提升孩子的心理能力，乐观的心态、希望的品质、人格的坚韧，培养爱的能力、美的能力和善的能力，寻找生命的意义。这种去功利化的亲子阅读活动，让阅读更加纯粹，让家庭教育的内涵更加丰富。同时，从活动可以看出，以家庭亲子阅读活动推动多元主体共同参与家庭教育，作为公共图书馆扩大影响力的小切口，可以最大范围凝聚社会力量，例如专家学者、行业精英、社会志愿者、男性、老年人、全职妈妈等纷纷参与到家庭亲子阅读活动中来，在更大范围内让更多的社会资源共同推动科学家庭教育理念的传播，在孩子获得知识、陪伴与快乐的同时，也让父母学到更多的科学家教理念，促进父母和孩子的共同学习成长。

六、推进和谐家庭建设

亲子阅读活动对家庭和谐的积极促进作用从全国妇联以及"21 天亲子阅读"活动的调查结果都得到了印证。

据全国妇联开展的"书香飘万家·全国家庭亲子阅读活动"统计，截至 2020 年 10 月，全国累计开展家庭亲子阅读活动 41.8 万场次。全国妇联对全国家庭亲子阅读活动进行评估，结果表明，活动明显促进参与家庭成员关系的改善和家庭生活的和谐。99.1% 的参与家长认为活动给家庭带来了明显的影响，影响依次为：增进亲子关系（73.9%），改善家庭氛围（59.8%），丰富家庭文化生活（53.7%），增进夫妻之间的沟通、促进婚姻关系和谐（46.3%），促进父亲参与家庭教育（45.2%），促进其他家庭成员之间关系改善（24%）等[19]。

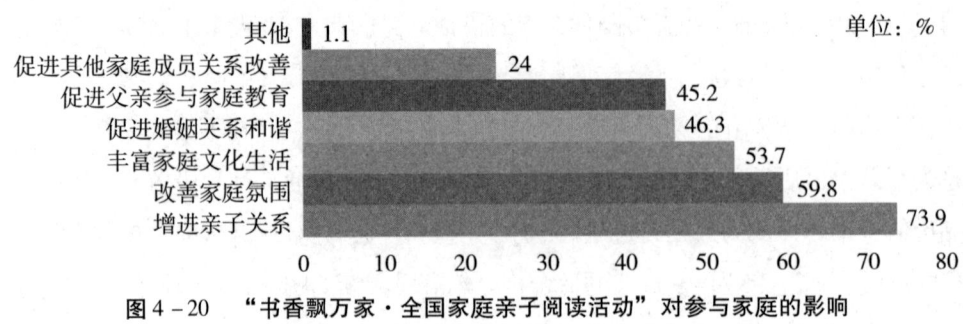

图4-20 "书香飘万家·全国家庭亲子阅读活动"对参与家庭的影响

从图4-20统计数据可以看出,亲子阅读在和谐家庭建设中的作用已经得到了社会、家庭的共同认可,不容小觑。

亲子共读是最好的学习陪伴,良好的亲子阅读气氛能让父母和孩子建立共同的情感链接,产生更多沟通、交流。父母可以发挥各自在阅读视野和阅读方法上的优势,引导孩子对更多图书类型产生兴趣阅读。同时,家长可以了解孩子的需求与困难,及时掌握孩子的心理活动。"21天亲子阅读"活动中不少未能及时报名的家庭表示,即使不能参加奖项评选也要跟随参与阅读,通过这样良好的阅读氛围让平时不易和孩子交流的内容、难以沟通的问题,通过亲子阅读的过程可以和孩子进行平等的、平和的沟通与情感交流,双方都更易于接受,家庭氛围也更融洽和谐。同时也增加了亲子共处的时间,增进了亲子间的感情。

美国北卡罗来纳大学的专家曾调查了近百个家庭,得出结论:幼儿最初获得语言能力的过程,父亲的作用远远超过母亲。而现实中,不仅在中国,即使在全世界范围内,家庭教育都多以母亲为主,父亲在家庭教育中的缺失已经成为一个社会问题。从"21天亲子阅读"活动"阅读陪伴"统计表(图4-21)可以看出,在亲子阅读中,父母陪伴和母亲陪伴阅读占据主要地位,达到56.4%,说明母亲在孩子的阅读教育中起到至关重要的作用,而父亲的陪伴阅读仅占5.21%。

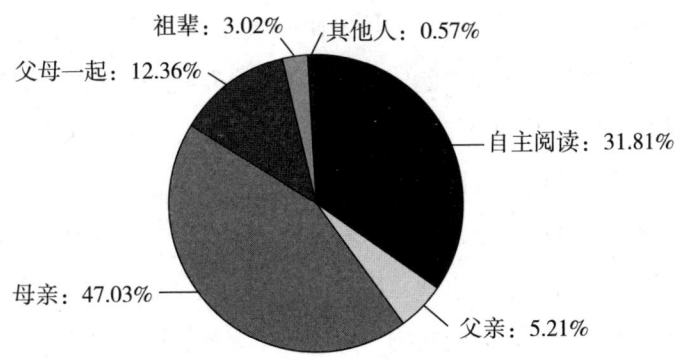

图 4-21 "21 天亲子阅读"活动统计阅读陪伴

由图 4-21 统计数据可以看出，母亲在亲子阅读过程中的陪伴作用占了很大比例，从这一角度也可看出家庭阅读习惯培养教育中母亲的付出远超过父亲。在现代社会中，母亲不仅要更多地照顾孩子，还必须工作，承担不亚于男性的社会责任，因此，作为母亲的女性会承受更大的来自家庭和社会的压力。由这些分析可以得出启示：其一，亲子阅读活动可以有针对性地设置父亲参与内容，通过父亲参与家庭共读，不仅丰富了家庭休闲生活的内涵，让妈妈感受到了父亲分担家庭教育责任的轻松和愉快，感受到来自伴侣的关爱和对家庭生活的投入，进而促进婚姻和谐；对于孩子而言，感受到来自父亲、母亲完整的爱的陪伴和给予，将会在其心理上产生较大的安全感与幸福感，这对于整个家庭的亲密关系构建以及孩子健康心理的形成、健全人格的塑造都将起到极其重要的作用。其二，母亲是亲子阅读的主要角色，提高母亲的阅读能力和教育意识，对推广亲子阅读有着至关重要的作用。可以通过组建母亲阅读社群，推出家庭教育和女性修养类书籍的共读计划，在推广亲子阅读的同时，带动母亲的阅读与学习，让更多的母亲在亲子阅读活动中更加有效地开展陪伴阅读，提高亲子阅读的成效。

七、文旅融合创新发展

2009 年 8 月 31 日，中国第一份有关文旅融合的政策《文化部、国家旅游局关于促进文化与旅游结合发展的指导意见》颁布。该意见明确提出促进文化旅游融合发展，以文化提升旅游内涵，以旅游扩大文化传播。该政策指出"文化是旅游的灵魂,旅游是文化的重要载体"[20]。中华人民共和国文化和旅游部的成立,标志着我国文旅融合进入了新的阶段,"诗和远方"走在了一起。"21天亲子阅读"活动作为昆明市公共图书馆全民阅读的品牌活动,是推动文化和旅游的有效融合,让文化资源与旅游产业融合走在一起的重要载体。

昆明是国家首批24个历史文化名城之一,拥有悠久的历史、灿烂的文化,是自然景观和人文景观的荟萃之地,历史文化、民族文化、红色文化、自然风光资源丰厚,为昆明留下了众多的文物古迹和风景名胜,同时昆明市又是一个发展中的面向南亚东南亚的,集自然风光和民族风情为一体的四季皆宜的国际旅游城市。以文促旅、以旅彰文已成为昆明市公共文化发展的重要课题。公共图书馆作为公共文化发展的"主力军",文旅融合发展的"主阵地",结合自身资源优势,通过运用图书馆丰富的馆藏信息资源,加上开展丰富多彩的阅读推广活动,可以起到促进文化传承发展,讲好昆明故事,提升旅游吸引力,增强文化自信,推动文化和旅游业融入经济社会发展全局的重要作用。

自2019年起,"21天亲子阅读"活动紧扣庆祝新中国成立70周年,在文旅融合的大背景下,主办方确定了昆明市范围内15个公共图书馆及21个具有代表性、纪念性、有人文、历史、红色基因资源的地点作为活动的线下实地打卡点,将红色旅游线路打卡与"21天亲子阅读"活动相结合。通过阅读和旅行将人、书、馆、区紧密联系,带动了全市范围内阅读与旅游资源相结合。这是一项文旅融合创新发展的、具有推广价值的创新举措。通过把旅游目的地融入亲子阅读活动内容中,让参与者在活动过程中既体验到旅游目的地的自然人文风光美景,又了解其文化和历史的背景与内涵,结合游记的撰写,让许多参与家庭在这个纷繁复杂的现代都市中,再一次体会到了静下心来回味旅程的宁静与趣味,让参与者感受到了旅游与文化相结合的另一种乐趣。据活动统计,在21天的时间里,在36个活动打卡点中,打卡最多的家庭达到了22个景点。对于旅游目的地来说,对其进行宣传不失为一种耳目一新的宣传方式。这种区别于硬性广告宣传的柔性宣传方式,更让人易于接受,使人更愿欣然前往,同时,独特的"旅游护照"设计、"游学达人"、"最美游记"评选将阅读、旅行、学习、感悟有机结合,让参与家庭在阅读的同时体验、在旅行的过程中学习、在感悟中体会真正的"知行合一"。

八、以文化的力量助推社会治理

公共图书馆在意识形态领域、社会价值以及文化影响力等方面对社会产生着潜移默化的影响，而这种影响就是国家文化治理功能的重要体现。国家治理体系是在党领导下管理国家的制度体系，包括经济、政治、文化、社会、生态文明和党的建设等各领域体制机制、法律法规安排，其中文化治理是其中的重要组成部分。社会治理的目标之一是公平，公共文化服务体系的构建则是体现社会公平的重要手段，而公共图书馆属于公共文化服务体系建设中的重要组成部分，在社会文化治理中发挥着极为重要的作用。廖莎认为，公共图书馆的文化治理功能表现在以下三个方面：培育公民意识，传播社会主流价值观；优化社会行为，实现社会有序化发展；发展文化民主，促进基本公共文化服务均等化和多元化。公共图书馆提供未成年人公共文化服务，本身就是一种文化治理行为。[21]

"21天亲子阅读"活动通过建立健全有效的各项保障制度，通过文化资源、社会资源、人力资源的全面整合，以良好的运行机制、有序的活动流程、科学的阅读指导内容、卓有成效的社会化合作，充分发挥了公共图书馆服务社会的职能，取得了良好的社会效益，在区域社会文化治理中起到了显著的推动作用。

（一）促进书香社会建设，传播社会主义核心价值观

2014—2021年，全民阅读连续8年被写入政府工作报告，全民阅读已提升到国家战略高度。阅读从儿童抓起的理念也已深入人心，从家庭到社会对于儿童阅读的重视已形成共识，从理念形成的过程中，公共图书馆科学有效的儿童阅读推广起到了重要的作用。让阅读成为风尚，让阅读成为生活方式，让阅读习惯从孩子开始培养也是"21天亲子阅读"活动的价值体现。

"21天亲子阅读"活动开始之初的目标就是旨在以家庭亲子阅读活动的广泛开展推动整个社会全民阅读的新高潮，从而促进书香社会的建设。2015—2021年7年来，每年以21天不间断的持续活动，丰富的阅读内容，专业的阅读指导，线上线下结合的活动方式，实地游学打卡，每日阅读感言、最美游记的分享评选，我与作家、社会名人面对面交流互动，旅游线路、旅游产品体验等丰富的活

动内容，让每个参与家庭在寓教于乐的活动过程中产生了无限的兴趣，即使有部分开始之初是因学校组织而被动参与或是抱着试一试的态度来参与的家庭，或多或少在阅读兴趣培养、阅读习惯养成方面都得到了收获，或者仅仅是收获了阅读过程的开心快乐也让参与家庭觉得不虚此行。特别是活动从整体策划方案的主导思想到具体内容细节方面的精心设计，着重体现了儿童的公民意识培养，从精心挑选的荐读图书内容、领读者正确的价值观引导、媒体的正面报道、社会舆论的正向反馈等方面，无不在促进书香社会建设，传播社会主义核心价值观上起着积极的推动作用。

（二）推崇向上向善的价值观激发爱国热情

从本书第三章第一节的"荐读图书和线下实地打卡"两部分的介绍可以看出，"21天亲子阅读"活动采用科学的分级阅读、专业的分类指导的阅读方式以及线下实地打卡环节的设置产生的活动成效非常显著，以儿童和家长更为接受的方式进行针对性图书推荐，通过文化知识的传播，传统美德的弘扬，正确的价值导向，潜移默化地对儿童的意识形态产生影响。幼儿组、小学组、中学组、父母课堂分别针对不同年龄段的孩子以及家长进行阅读图书推荐，并且开展科学阅读指导，以活动本身以及阅读的图书作为强化与公众之间的纽带，从阅读推荐书籍可以看出，均为帮助孩子树立积极向上的、正确的人生观、世界观、价值观，与社会主义核心价值观相符，激发爱国热情的图书。2019、2020年两年设立的36个具有代表性、纪念性、有人文、历史、红色基因资源的实地打卡点具有现实教育意义，按照"走路线、看变化、受教育"原则，将红色旅游线路打卡与"21天亲子阅读"活动相融合，线上线下活动相结合，潜移默化地发挥教化功能，传播向上向善的主流价值观，全面提高公共图书馆阅读推广的文化影响力。

（三）开展人文关怀服务，体现社会文化公平

开展有针对性的人文关怀服务，关注弱势群体和特殊群体的需求，让公共图书馆服务惠及更多有需要的人群，体现公共图书馆服务的普遍性、均等性、公平性，是"21天亲子阅读"活动的宗旨之一。相较于成年人，少年儿童本身就处于弱势，而相较于资源丰富的城市儿童，农村以及留守儿童群体也处于相对弱

势。针对这些弱势群体,活动主办方从最初策划时就重点考虑到了阅读资源远远少于城市的乡村孩子以及留守儿童群体,通过活动有针对性地向农村倾斜以保障公共文化服务的均等性和公平性,惠及更多对公共文化需求更为迫切的儿童。活动开展的7年间共有10余所以农村或留守儿童为主要生源的学校参与进来,其中昆明市西山区团结龙潭中心学校、西山区永昌小学、西坝小学等学校连续多年参与活动。昆明市图书馆还开展了延伸性的亲子阅读进校园活动,通过特别为这些学校量身定制活动方案的形式,走进校园,为其组织开展学校专属的"21天亲子阅读"活动,收到了良好的效果。通过学校、家长和儿童的活动反馈可以看出,"21天亲子阅读"活动对于这些学校的儿童阅读习惯的培养,对于家庭亲子关系的改善、家庭和谐氛围的建立以及家长指导孩子阅读正确方法的学习、科学家教理念的建立都起到了一定的促进作用。"21天亲子阅读"活动以有温度的、具有人文关怀的公共图书馆阅读推广活动推动着城乡一体的公共文化服务均等化,以文化的公平作为构建和谐社会的支点,着力发挥文化的社会治理功能。[22]

(四)助力儿童友好城市建立

儿童是国家的未来,是民族的希望。建立儿童友好城市,寄托着人民对美好生活的向往,事关广大儿童成长发展和美好未来。2021年9月30日,国家发展改革委等23个部委印发《关于推进儿童友好城市建设的指导意见》(发改社会〔2021〕1380号)(后简称《指导意见》)文件,提出到2025年,通过在全国范围内开展100个儿童友好城市建设试点,推动儿童友好理念深入人心,儿童友好要求在社会政策、公共服务、权利保障、成长空间、发展环境等方面充分体现,最终目标是儿童友好理念成为全社会共识和全民自觉,让广大儿童享有更加美好的生活。

昆明市公共图书馆"21天亲子阅读"活动的目标方向以及活动内容、社会成效与《指导意见》的相关要求高度契合。该项活动以倡导"儿童本位"的活动理念组织开展各项活动内容,与"儿童优先"理念一脉相承。亲子阅读活动提倡的即是家庭亲子陪伴,建立良好亲子关系,构建和谐良好的家庭氛围,培养儿童良好的阅读习惯、思想品行和生活习惯,推进文明家庭、科学家教、优良家风的建设与传承。活动的线上"每日一师"领读者荐书环节,推荐的皆为引导儿童树立积极、健康的、弘扬社会主义核心价值观的图书；阅读分享会进校园、进课堂活动，以传播中华优秀传统文化、传递热爱家乡、热爱祖国的爱国情怀为主题；线下实地打卡点的设置也以传承中华优秀历史人文精神、进行红色历史教育为主。同时，依托全昆明市15个公共图书馆设立的儿童阅读空间，广泛开展的"图书借阅服务""接待未成年人参观、体验服务""小小图书管理员培训服务""儿童心理课堂""儿童手工课堂"等一系列阅读推广活动，全年为少年儿童提供着全方位、多角度的公共图书馆服务。这些服务内容都潜移默化地输送和培养着儿童健康向上的精神文化，体现着城市对儿童的关爱与友好，助力着昆明市儿童友好城市的创建工作。

第七节 "21天亲子阅读"活动存在的问题及原因分析

我们通过总结"21天亲子阅读"活动案例，同时由问卷调查和专家、读者访谈结果分析可知，大部分家庭都十分认可此项活动，并且积极主动地参与其中，有不少家庭连续几年参加，认为活动给孩子和家庭带来了许多的帮助和收益。但是我们也发现在活动过程中存在着一些问题，以下是对存在的问题及其原因的分析。

一、荐读书籍质量不稳定，图书供给不到位

在开展亲子阅读活动中，图书馆为不同年龄阶段的儿童提供适合其年龄段阅读的图书，开展专业的、有针对性的阅读辅导活动并且进行相应的阅读指导，是图书馆亲子阅读活动的重要环节，是真正实现公共图书馆"为人找书，为书找人"的本质职能的重要内容。

儿童因为年龄偏小，阅读兴趣与理解能力都与成年人不同，在阅读方面没有明确的目标，往往不知道"读什么""怎么读"。阅读缺乏兴趣支撑，带有功利性和目的性，因此，公共图书馆应根据儿童不同年龄段的阅读特性给出相应的专业指导意见，帮助儿童更好地选择适合他们的阅读书籍，提高其阅读意愿和阅读

兴趣[23]。

分析"21天亲子阅读"活动7年的选书、荐书历程，存在着缺乏一以贯之的荐书体系和理念的现象，每年都有不同的选书风格。从2015年、2016年的全部绘本阅读到2017年比较宽泛的阅读主题推荐，再到2018年的"乡土文学""国学经典""红色经典"图书推荐。阅读主题的确定主要依据以下几个方面：一是据当年的国家主流阅读推荐内容来进行图书推荐。二是依靠合作的社会机构进行图书推荐，三是图书馆馆员进行图书推荐，这样的荐书方法存在着随机性和随意性，缺乏连续性、引导性、趣味性和新颖性。虽然活动以"儿童本位"理念为指导，阅读主题不限，把选择阅读书籍的权利交给孩子，但在专家推荐阅读书籍、进行领读指导环节仍然存在缺乏专业性、科学性、针对性，难以引起儿童的好奇心和阅读兴趣，使活动的阅读指导目的难以达到。此外，由于图书馆馆藏资源有限，更新较慢，少儿阅览室中的部分书籍因为儿童的翻阅出现的破损情况也相对较严重，同时，由于图书馆对于推荐图书的准备不够充分，即使是领读嘉宾推荐的图书也不一定能够及时借阅得到，这在一定程度上影响了儿童的阅读兴趣以及阅读体验感。

原因分析：由于图书馆馆员的儿童亲子阅读荐书业务能力的相对缺乏，虽然公共图书馆会对馆员进行定期的专业培训，但在儿童阅读服务方面往往缺乏专业培训，图书馆馆员的服务意识还停留在一般性阅读推广服务阶段。[24] 从图书馆馆员推荐的图书认可程度不高来看，也可以证明这一结论。也正因为这样的原因，图书馆过于依赖社会合作机构进行图书推荐，在每年社会合作机构发生变化以后就往往出现了图书推荐因不同的合作机构有不同的阅读理念，推荐阅读的图书就出现不同的方向的问题。风格不同的荐书方向、参差不齐的荐书能力造成在活动中推荐图书的质量不稳定，进行科学的分类阅读、分级指导的理念往往难以贯彻。此外，由于公共图书馆在儿童图书的采购经费分配上相比成年人图书较少，随着现在儿童图书特别是绘本图书的出版印刷成本越来越高，书价也不断上涨，在儿童购书经费涨幅不大的情况下，图书馆购买的儿童图书较为有限，无法满足广大少年儿童读者的阅读需求。

二、社会化程度不高，专业性不强

引入社会力量参与公共图书馆亲子阅读活动服务，是对公共图书馆工作人员亲子阅读活动服务人力不足、能力和专业水平欠缺的有力补充。"21天亲子阅读"活动7年来虽然也进行了大量社会力量合作的实践尝试，但合作范围多数是文化教育机构、中小学校以及社会志愿者，合作方式也多是通过购买服务完成活动方案执行，或是双方协商利用各自资源优势，在共赢原则基础上合作完成活动项目。这些社会力量合作项目社会化程度还不够深，例如资本层面的合作，还未吸引到创新能力更强、服务水平、专业能力更高的社会力量参与到活动当中。对于活动本身还未起到更为专业的业务指导作用，对于活动的宣传和社会影响力扩大方面还有所欠缺，创新创意方面更多仍然依靠公共图书馆自己完成。对于社会力量的选择也存在着在科学的评价方法和制定客观公正的评判标准上的欠缺，造成社会力量存在一定的良莠不齐。

原因分析：一是地区文化事业和文化产业发展水平不高，社会文化需求较发达地区仍相对较低，造成提供公共文化服务的社会力量水平本身相对薄弱，能够承接公共图书馆阅读服务的社会力量自身规模不够大，发展不够成熟，因而开展高品质、个性化服务的能力欠缺，有意愿参与到公共图书馆亲子阅读活动中的社会力量存在着一定实力上的局限性，造成公共图书馆合作主体选择上的难度。二是图书馆缺乏更为有效的评估监督体系、有效的政策激励机制以及有效的需求反馈机制，造成几年来选择的社会合作力量水平不如人意，同质化程度较严重，这在一定程度上也制约了活动水平的质量提升以及更进一步的宣传推广。三是由于公共图书馆阅读活动预算经费相对较低，造成对社会力量吸引力较弱。同时，政府经费支付方式的不灵活，也造成了社会力量由于需要预先垫付资金而产生的一系列矛盾问题。

三、活动阶段性开展，缺乏贯穿全年的延续性

亲子阅读活动虽然是让孩子爱上阅读、培养良好的阅读兴趣和习惯的最好方式之一，但是家庭亲子阅读活动只有常态化、非功利性地持续进行，才能真正促

进儿童良好的阅读习惯的养成。

"21天亲子阅读"活动自2016年起作为昆明市"春城文化节——金秋颂雅"秋季版块的活动,每年约在9月启动,以21天的时间集中开展线上活动,同时举办数场线下分享会,前后持续时间1~2个月,属于阶段性活动,未形成贯穿全年的持续性阅读活动。虽然也产生了良好的社会效果,影响力也逐年扩大,但是对于个体家庭阅读来说,一年一次的阶段性活动,较难起到引导家庭开展贯穿全年的常态化阅读的作用。就参与的目的来说,部分家长也是因为想获得活动设置的奖项、发放的获奖证书而让孩子参加,带有一定的功利性。在活动结束以后,未能坚持开展持续的家庭亲子阅读。同时,由于公共图书馆在亲子阅读推广人才方面的缺乏,仅依靠社会力量的支持难以形成贯穿全年的持续性活动。

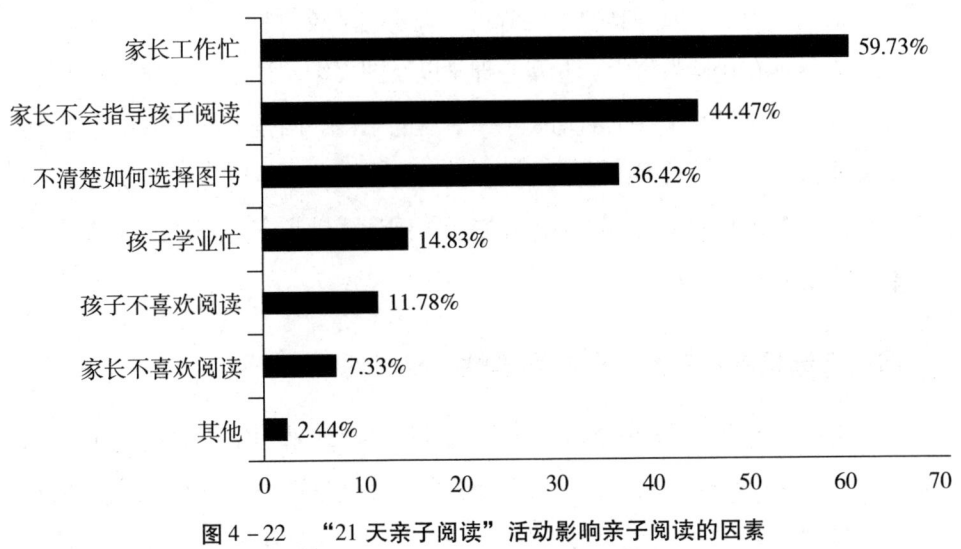

图4-22 "21天亲子阅读"活动影响亲子阅读的因素

从图4-22统计可以看出,在家庭进行亲子阅读中,由于孩子不感兴趣和家长自身不阅读造成的影响仅占11.78%和7.33%,说明绝大多数家庭是有教育意识和阅读需求的。但在影响家庭亲子阅读活动的因素中,父母因工作太忙没有时间陪伴孩子占比达到了59.73%,这也从一个侧面反映出多数家庭的阅读现状,陪伴孩子阅读的时间太少。另外,还有一组数据是,缺乏相关亲子阅读指导的知识，不清楚如何有效地指导孩子阅读的占 44.47%，不知道如何科学选择阅读书籍的占 36.42%，这也说明很多家庭有亲子阅读的意识，但缺乏亲子阅读的专业知识和指导能力。

对影响亲子阅读的因素进行分析：一是工作繁忙成为年轻父母们的一大压力，也影响到"21 天亲子阅读"活动的效果，多数父母只有在周末才有充足的时间陪伴孩子阅读，短时间陪伴孩子阅读可以坚持，但全年延续性阅读较难坚持。二是从数据分析可以看出，80%以上的家长对孩子阅读的书籍选择和阅读方法指导都缺乏专业的知识。家长有心陪伴，但由于认知有限以及指导阅读能力缺乏，得不到专业的指导，不能掌握科学有效的相关知识，容易走入"误区"，在一定程度上影响了家长和孩子的阅读积极性和阅读兴趣，致使亲子共读效率较低。三是图书馆亲子阅读专业人才缺乏。公共图书馆招聘员工的重点仍是以图书馆学或图情专业为主，兼顾其他学科背景。人才类型较为单一，而亲子阅读活动要求相关人员具有儿童教育学、儿童心理学以及图书馆阅读推广方面的知识与技能，人才缺乏加大了亲子阅读活动高水平开展的难度。四是公共图书馆的服务属于公益文化服务范畴，获得财政扶持的力度相对有限，公益服务的性质决定了社会资本介入较少，影响了公共图书馆开展亲子阅读活动频率的增加，延伸活动常态化开展也受到一定限制。

四、评选机制不健全，欠缺科学性、权威性

"21 天亲子阅读"活动在各奖项的评选过程中存在着一定的主观倾向性、评选标准欠缺科学严谨性等问题。阅读活动奖项的评选标准是相对较主观的，这个标准能否做到科学合理，直接关系到社会公众对于评选结果的认可度以及对活动本身的认可度。首先，该项活动的奖项评选从初评到终评环节采用层层筛选的办法，经过一系列的筛选之后，一些撰写得较好的分享文章并没有入选，这也反映出了在各级评选过程中评委的主观倾向性对于评选结果造成的影响。其次，阅读分享感言的评选把家长撰写的和孩子撰写的、把中学生撰写的与小学生撰写的混在一起进行评选，没有进行合理的年龄段以及撰写人群的区分，有失公允性。再次，作为评委的人员组成多为大学生志愿者、图书馆工作人员、社会合作机构工

作人员，覆盖面不够广，缺乏专业性和科学性、权威性，也会造成评选结果的公平公正性为公众所质疑。最后，评选结果的宣传推广效能发挥不够。阅读评选活动切实开展了，但是评选结果没有进行足够的宣传推广，例如一些写得较好的阅读感言和最美游记覆盖面不够，如果进行广泛有效的宣传推广，会激发更多家长特别是孩子撰写阅读感言的热情，对于亲子阅读活动本身也将会起到较好的宣传推动作用。

原因分析：因为评选机制不够健全，所以在评委的选择、评选办法、评选方式、评选结果宣传推广等方面出现了问题。部分评委或是缺乏亲子阅读专业知识的积淀，或是在工作责任心上有所欠缺，或是个人综合素质有所欠缺，在评选标准的把握上存在着主观性，造成评选结果的公平公正性有所欠缺。奖项评选更多关注活动结果的评选，没有把握住对活动本身进行宣传推广的重要环节。

本章参考文献

[1] 李泽畅．政府向社会力量购买公共文化服务问题研究——以湖北为例[D]．武汉：华东大学，2019．

[2] 杨奕．社会力量参与公共图书馆全民阅读推广的实践与思考——以天津市和平区"文化阅读之旅"项目为例[J]．图书馆工作与研究，2019（S1）．

[3] 甘子华．深圳市坪山新区政府主导及民间力量参与的全民阅读推广研究[D]．南京：南京大学，2020．

[4] 张毅红，陈彦旭，顾丹华．公共图书馆阅读推广之馆校合作研究——基于小学低年级的"阅读起步"策略[J]．图书馆研究，2016，46（01）．

[5] 白亚丽．《公共图书馆法》视野下的公共图书馆与中小学合作构想——以甘肃省图书馆为例[J]．甘肃科技，2020，36（12）．

[6] 张正．公共图书馆媒体影响力评价研究——以东北三省省馆为例[J]．图书馆论坛，2013，33（04）．

[7] 龙沉生．推动传统媒体和新媒体融合[J]．中国有线电视，2020（12）．

[8] 侯婕．新媒体在高校图书馆阅读推广中的应用研究——以长春工业大学

图书馆为例[D].长春：长春工业大学，2020年.

[9] 于帆，卢章平.中国文旅融合政策分析与启示[J].中国发展，2020，20（05）.

[10] 甘子华.深圳市坪山新区政府主导及民间力量参与的全民阅读推广研究[D].南京：南京大学，2020.

[11] 马谊.中美公共图书馆志愿服务比较研究[J].图书馆研究，2017，47（04）.

[12] 林倩倩.高校图书馆大学生志愿者团队管理研究——以福建商学院为例[D].福州：福建师范大学，2019.

[13] 陈力勤，白帅敏.图书馆婴幼儿服务志愿者队伍建设研究[J].图书馆建设，2015（11）.

[14] 周宇麟，林燕飞.多元文化活动视角下公共图书馆社会化合作实践探索[J].图书馆研究与工作，2019（04）.

[15] 吴小吕.公共图书馆科普阅读推广的社会化合作机制研究——以苏州市吴江图书馆为例[J].图书馆学刊，2020，42（01）.

[16] 张鹏.国家图书馆新闻宣传工作的实践与思考[J].图书馆研究与工作，2018（04）.

[17] 李明.高校学生社团阅读推广工作调查与探析——以全国高校"阅读推广"十佳学生社团为例[J].图书馆学研究，2020（07）.

[18] 金秋萍.杨昭图书馆教育功能阐释及其贡献[J].山东图书馆学刊，2019（05）.

[19] "不止阅读，共同成长——全国家庭亲子阅读活动成效明显".澎湃新闻.

[20] 廖莎.公共图书馆的文化治理功能分析[J].图书馆界，2020（04）.

[21]] 陈云珠.未成年人公共文化服务的文化治理功能与机制研究[J].江苏科技信息，2018，35（36）.

[22] 王琦.合肥地区公共图书馆少儿经典阅读推广的调查与研究[D].合肥：安徽大学，2018.

第五章　公共图书馆亲子阅读活动的展望与设想

本书第四章对公共图书馆亲子阅读活动昆明模式的六个创新维度进行了分析研究，同时指出了昆明市公共图书馆"21天亲子阅读"活动存在的问题并进行了原因分析，在此基础上，本章围绕昆明模式及相关调研结果，从四个方面提出我国亲子阅读活动的对策与建议。

第一节　将亲子阅读列入国家文化及教育发展战略

亲子阅读是全民阅读的重要组成部分，是培养儿童从小养成良好阅读习惯，提升阅读兴趣，保持愉快阅读并且爱上阅读的最好方式之一；是增进亲子关系，融洽家庭氛围，促进婚姻和谐的有效助推剂；同时在构建儿童友好氛围，促进社会文化治理等多方面起着重要的作用[1]。连续8年写进国务院政府工作报告中的全民阅读已成为国家战略，国家相关部委的政策文件、相关规定也将儿童阅读提到了重要的位置，亲子阅读作为全民阅读的一部分，在国家重视阅读、重视教育的社会背景下，一定会取得新的突破。

我们从第二章对国外亲子阅读活动的研究分析可以看出，受历史、文化等因素影响和部分国家政府对于阅读的重视，许多国家在政府层面制定了有关儿童阅读的相关法律。1992年起源于英国的"阅读起跑线"计划，是世界上第一个专为学龄前儿童提供阅读指导服务的全球性计划，该计划倡导家长与孩子共同阅读，分享故事和儿歌，为家长提供辅导孩子阅读方法和技巧的资料，有利于促进亲子共读。1998年，美国国会通过了《阅读卓越法》；2001年，小布什总统签署《不让一个孩子落后》法案，对学龄前儿童和学前班至小学三年级的儿童阅读分别出台了"早期阅读优先"及"阅读优先"计划,并规定了财政经费的保障措施[1]。日本在2001年年底发布了《儿童读书活动推进法》,明确了国家、地区和公共团体在读书活动中的责任,日本文部科学省也据此制订了"日本中小学生读书活动计划",全方位地指导读书活动的开展,并对地方政府落实情况进行监督考核。

在我国,由全国妇联家庭和儿童工作部与国家新闻出版广电总局出版管理司也于2018年评选出首批80个全国亲子阅读体验基地,以引领、示范、带动各地亲子阅读活动广泛开展。

由此可见,将儿童阅读放在全民阅读的重中之重的位置,提升到国家战略高度,既是国际潮流,也是推动儿童阅读的必要手段。要加强儿童阅读特别是亲子阅读法律法规的专指性,对各责任和义务主体加强考核监督,从文化和教育层面确保亲子阅读的法律保障。

一、进一步加强完善亲子阅读立法

在目前已实施的《中华人民共和国公共图书馆法》《中华人民共和国家庭教育促进法》基础上,进一步完善对亲子阅读法律法规的专指性,体现亲子阅读在全民阅读中的重要性和差异性,建议制定专门的亲子阅读立法,明确各级政府、学校、家庭以及与亲子阅读相关主体的义务和责任。

二、构建亲子阅读保障体系

构建以公共图书馆系统为中心,联合组成包括中国图书馆学会未成年人图书馆分会、阅读推广委员会、公共图书馆分会、中小学图书馆分会的分支机构,以及政府相关部门、出版系统、图书发行系统、儿童教育系统、社区服务系统、儿童健康服务系统等在内的"亲子阅读保障体系",加大力度整合资源,统筹资金、培养人才,构建一个完善的服务体系,贯穿儿童从出生到成年的阅读习惯的培养和阅读资源的提供。同时整合各类儿童、青少年发展基金会、非营利性社会组织、公益性单位、公民个人等支持公共图书馆的亲子阅读活动。

第二节　加大社会参与力度，培育社会参与能力

政府部门应以现代社会文化治理理念替代旧有政府管理思维。变政府管控为多主体共治，构建科学、合理、有效的政府、市场、社会、公众多主体互动机制，制定相应的法律法规等给予社会力量合理的行动空间，并对社会力量在此过程中的适度逐利取向与行为给予足够的尊重与理解以及部分利益空间的让渡。

明确社会力量参与公共文化服务供给的边界与限度，引导社会资本进入公共图书馆服务领域，鼓励和培育亲子阅读相关社会力量发展。以适度多样的服务质量评价体系规范公共图书馆服务市场。政府购买服务全流程公开透明化，包括前期规划、公开招标，选择购买主体、签订合作协议、运营监管及绩效评估，规范购买主体[2]。尽量避免激励政策只针对其系统内所属的文化类企事业单位，而对系统外的其他主体排斥的"闭环"现象。

鼓励除文化企业外的多业态社会力量参与，对参与公共文化服务或具有突出贡献的社会主体给予支持与奖励扶持，健全以税收减免、项目补贴等为代表的扶持优惠政策[3]。鼓励慈善机构、非营利性社会公益组织以及志愿者参与进来，与其他社会力量形成合力，共同推动亲子阅读活动的大力开展。地方政府应鼓励本地区企业积极参加儿童阅读公益项目建设，政府可以采取税收优惠、政策优惠、落户优先等措施，调动企业积极性。鼓励企业捐建学校图书室、社区图书室、家庭书架以及阅读推广活动的经费赞助等，提高企业的社会责任意识，在全社会形成关注儿童阅读、支持儿童发展的良好氛围。另外，我国各地已涌现很多热心于公益事业、关注儿童阅读的公益组织，当地政府应主动解决这些组织在运行中存在的困难，帮助其发展壮大，与这些公益组织形成合力，共同推动儿童阅读及家庭亲子阅读的发展[4]。

第三节　加强跨区域合作，提高阅读社交化的水平

公共图书馆应利用亲子阅读活动已打造形成的品牌效应，总结已有品牌活动的经验、成效、影响以及问题对策，打破公共图书馆阅读活动故步自封的传统思维模式，加强更广泛的跨区域合作，让活动的覆盖面不断扩大，参与的家庭不断增加，从而积累更丰富的经验，产生更深远的影响，为更多的公共图书馆或文化机构开展亲子阅读活动提供活动模板，同时为相关公共文化部门提供决策依据，制定出更有利于亲子阅读推广的政策法规。让阅读这种看似很自我、很个人的行为通过大规模的集体阅读的形式，让更多的家庭特别是儿童沉浸在一起阅读的愉快氛围中，通过活动的互动环节提高阅读社交化的水平，让参与家庭通过活动结识更多热爱阅读的朋友，感受一个人阅读所无法体会的阅读乐趣，留下共同阅读的美好记忆。同时，让更多的家庭参与进来、联合起来，向身边的人进行阅读推广。

以各省市、各地区公共图书馆联盟或是图书馆学会牵头，进行亲子阅读活动的推广，例如"21天亲子阅读"活动可以昆明市图书馆学会为牵头单位，与云南省图书馆学会、周边省市图书馆学会或西部图书馆联盟等相关机构联合主办。或直接由诸如昆明市图书馆这样的品牌打造单位联合周边省市或更广泛的多个较有影响力的公共图书馆组成组委会，制定统一的活动规则、活动方案、评选标准等，每年由组委会统一确定举办时间，向各省市公共图书馆发出参与邀请，以自愿原则加入，分别承办各自区域的活动，并且可以不断创新、衍生、拓展出更多丰富多彩的亲子或儿童阅读形式，包括亲子阅读快闪、阅读之旅、家庭阅读比赛、阅读夏令营、亲子阅读角色扮演、专题亲子阅读、有声亲子阅读、阅读方法训练营、亲子阅读文创比赛等等，让亲子阅读活动在有仪式感的愉快氛围下带给参与家庭更多的阅读形式和阅读指导。将亲子阅读从一个家庭带入整个社会，以一个家庭的阅读带动更多家庭参与阅读，向社会集中展示阅读的力量并推广阅读行为，从而推动全民阅读氛围的形成。

第四节　开发老年人社会价值，发挥老年人余热作用

从图4-21统计分析可看出，"21天亲子阅读"活动中祖辈陪伴阅读达到3.02%，虽然这个数字看似不大，但在儿童父母的生活工作压力较大，时间精力难以兼顾孩子教育时，祖辈在孩子的教育中能起到较大的作用。在目前全世界日益加快的人口老龄化趋势下，低龄老年人参与家庭或社会活动这一比例将会日益增大。

1865年，法国65岁及以上的老年人口比重超过7%，成为世界上第一个老年型国家。美国于1944年成为老年型国家，如今已有70多年历史。在工业发达国家中，日本是进入老年型社会最晚的国家，于1970年迈入了老龄化社会。而我国也于2000年进入老龄化社会。根据第七次全国人口普查结果，我国60岁及以上人口已超过2.6亿，占全国人口比重的18.70%，同第六次全国人口普查相比，60岁及以上人口比重上升5.44个百分点，表明中国老龄化进程的速度日益加快，我国的人口老龄化问题不容忽视[5]。

但同时也应看到，随着社会经济的发展以及医疗水平的不断提高，老年人的寿命也越来越长，身体状况越来越好，尤其是低龄老年人，普遍身体状况良好，且大都是受过一定教育，拥有丰富的知识积累，刚走下工作岗位，有大量的时间，且不少低龄老年人有意愿继续为社会做贡献，发挥余热的想法。特别是在中国老年人的家庭观念里，教养孩子是义不容辞的责任，在家庭里对于隔代孩子的教养方面更有意主动发挥作用。针对目前社会工作压力较大，儿童父母在时间、精力上无暇顾及孩子阅读的家庭，发挥老年人的余热作用很有必要。借鉴教育部开展的"银龄教师讲学计划"，可以在公共图书馆开展一系列"家风"与"传承"的文化活动，可以把亲子阅读活动向传统文化方面延伸。举办诸如"银发奶奶讲故事"等银龄老人发挥余热的亲子伴读活动，一方面，为老人们提供更多工作机会，满足老年人社交需求，实现老有所为、老有所乐；另一方面，也让老人们蓬勃向上、积极乐观的精神面貌向年轻人、向儿童们进行充分展示，为公共

图书馆的亲子阅读活动注入老年人的新活力。同时，应考虑到对老年人参与社会服务适度建立激励机制。政府可以拿出一定比例的公益性岗位面向符合条件的老年人群体进行招聘，给予一定的岗位补贴，并且购买相应的商业保险，为老年人提供服务期间的生活或意外提供保障。

在当今人口老龄化与少子高龄化并存的背景下，"一老一小"的服务供给亟待升级。因此，基于国家社会治理体系的要求，在加快推进儿童友好城市建设的同时，政府和社会应积极转变对老年人的看法，不应将其作为单纯的消费者或需要照顾的对象，应合理适度开发潜力较大的老年人的社会价值，不仅有助于解决老龄社会的各种矛盾问题，而且对于老有所为、老有所乐等老龄化战略的顺利实施以及社会经济的稳健发展意义重大。既是现代社会发展的必经过程，也是推进社会治理体系和治理能力现代化的重要内容。

第五节 "双减"政策下推动"亲子阅读"高质量发展

2021年7月24日，中共中央办公厅、国务院办公厅印发《关于进一步减轻义务教育阶段学生作业负担和校外培训负担的意见》，号称史上最严"双减"来了。

"双减"政策让许多家庭喜忧参半，喜的是不用再为孩子永远做不完的课外作业和上不完的课外补习班而痛苦，忧的是减负后孩子的空余时间该怎么安排。该意见里给出明确意见，那就是国家鼓励培养孩子的课后阅读习惯和阅读能力。阅读应成为孩子减负之后最重要的选项。减负之后开展家庭亲子阅读，由于减少了学业的负担，父母心态更平和，更易与孩子进行融洽的阅读沟通，孩子在自主而非功利性的自由阅读之下，更容易掌握一些学科的基础知识，也可以看见更大的世界。

但是对家长来说，由于指导阅读的能力有限，亲子阅读的效果也因此而打折。此时公共图书馆作为国家公共文化服务体系中最重要的阅读推广机构，适时加强家庭亲子阅读的推广，发挥强有力的阵地服务作用及阅读指导作用，让孩子们把空余时间"消耗"在图书馆里,真正把愉快的童年还给孩子,把书里无限美好的世界还给孩子,真正回归到素质教育的轨道上来,这才是国家出台"双减"政策的意义所在。

鉴于此,本研究认为公共图书馆亲子阅读活动应顺势而为,抓住机遇,聚焦儿童的综合素质培养,以高质量的阅读服务助力家庭教育及儿童的全面发展。亲子阅读需在形式上力求创新、内容上力求丰富、覆盖面上力求广泛,以贯穿全年的延续性活动,开展把阅读服务嵌入到家庭及儿童的生活中,共同参与课后服务工作,真正让阅读成为家庭生活的常态。借鉴昆明市公共图书馆"21 天亲子阅读"活动经验,结合"双减"政策下儿童空余时间相对较多的现状,进一步整合建立馆校社会协同发展机制,图书馆介入学校设立"课后阅读时光"、介入社区设立"我的作业帮"、指导家庭开展"我们的书本世界"等主题阅读活动,对儿童在放学后的自由阅读时间、课后作业时间、以及家庭阅读时间进行专业的指导,营造一个社会、学校、家庭共同参与的良好环境和氛围;利用公共图书馆资源优势,做强做优免费线上学习服务。开设经典名著导读、心理健康、安全卫生、科普教育等特色线上课程。开展"小小朗读者"线上分享或比赛活动,组织家庭"读剧"活动,让经典里的人物走入千家万户;借鉴"21 天亲子阅读"活动实地打卡,可以让孩子们带着书本去运动、去旅游,去看秋天的落叶、欣赏冬天的雪花、去拥抱大自然、去体验社会生活、感受世界之美,边走边学,边玩边学,寓教于乐,知行合一。此外,换书活动、跳蚤市场、手工才艺展示、少儿优秀电影展播等活动让周末不再无聊,让家庭充满欢笑。

在"双减"大背景下,公共图书馆作为儿童活动的重要场所,既是机遇更是挑战。挖掘需求,顺势而为,创新推动各类型儿童阅读活动,进而推动全民阅读活动向纵深发展,这是时代的要求,也是公共图书馆事业发展的目标。

本章参考文献

[1] 陆晓红. 我国公共图书馆儿童阅读推广模式研究[D]. 天津:南开大学,2014.

[2] 汪亚楠. 社会力量参与公共文化服务:基本逻辑、现实困境及应对之

策.合肥：安徽财经大学，2021.

　　[3] 何可.社会力量参与合肥地区公共图书馆服务建设的调查与分析[D].合肥：安徽大学，2019.

结　语

一、研究局限

公共图书馆亲子阅读活动在国内开展至今已有 10 余年的历程，在社会上引起了广泛的关注。亲子阅读活动在营造全民阅读氛围，推动书香社会建立的同时，也推动着社会文化治理。本书以昆明市图书馆主办的"21 天亲子阅读"活动为例，分析了公共图书馆亲子阅读活动的实践，为公共图书馆亲子阅读活动提供了活动模板，为公共文化主管部门提供了决策依据，并对今后的发展提出了措施，希望能在推动我国公共图书馆亲子阅读活动的发展方面起到一定的作用，做出积极的贡献。公共图书馆亲子阅读活动研究既涉及理论的探讨与借鉴，又涵盖公共图书馆阅读推广活动的实践应用。鉴于本书作者个人研究水平的欠缺和时间、精力的局限，导致本研究在以下层面存在着不足之处。

第一，样本的局限。本研究样本仅局限在昆明市公共图书馆"21 天亲子阅读"活动参与家庭范围内，样本数量不够大，范围不够广，同时，进行文献或者网络检索不够齐全，资料搜集不够完整，对公共图书馆亲子阅读活动的问题存在一定程度的以偏概全，对问题产生的深层次原因与分析挖掘不够深入，这些对研究结论的推广产生了一定的影响。今后的研究有必要扩大样本容量，增加调研范围。

第二，理论研究水平的局限。本书研究案例虽经昆明市公共图书馆 7 年的实践验证，但由于研究者长期从事实践工作，在理念研究水平方面有一定局限性，对案例的分析研究不够深入，未能分析总结出具有更高推广价值的理论和实践经验。后续的研究将进一步修正完善。

第三，时间精力有限。本研究案例内容翔实、丰富，但由于研究者时间和精力上的不足，导致本研究在若干层面上的研究不够透彻，研究结果不尽如人意，在今后研究中将进一步补充完善。

二、研究展望

亲子阅读活动是全民阅读的重要组成部分,是各级公共图书馆开展儿童阅读推广最有效的方式之一。应该进行更深入、更全面的调查研究,通过更加广泛的、多途径的调研、访谈,和父母、儿童这样的活动主体以及学校、社区、社会机构、专家学者、媒体这样的社会合作主体进行深度沟通,并对亲子阅读活动开展情况进行持续跟踪调查,找出问题,揭示本质,探寻规律,为公共图书馆开展亲子阅读活动提供有力的理论和实践经验的支持。

附 录

附录一 播撒阅读的种子

——昆明市 2019 年春城文化节"21 天亲子阅读"活动（官渡区）阅读分享暨颁奖仪式顺利举办

为贯彻落实《未成年人思想道德建设纲要》《昆明市文明委关于开展"扣好人生第一粒扣子"主题教育实践活动的通知》等文件精神，以及昆明市文化和旅游局、昆明市精神文明建设指导委员会办公室组织开展的 2019 年春城文化节"21 天亲子阅读"活动的相关要求，官渡区图书馆于 2019 年 11 月 10 日在区图书馆一楼大厅举办了"21 天亲子阅读"活动（官渡区）阅读分享暨颁奖仪式，昆明市图书馆副馆长刘志芳、昆明市图书馆少儿部主任王悦、官渡区图书馆主持工作副馆长郭光、官渡区图书馆党支部书记兼副馆长周华、官渡区图书馆副馆长李艳芬等领导，以及来自官渡区地球村星云幼儿园、六甲中心幼儿园、关锁中心学校、康贝儿幼儿园、畅园幼儿园、蜡笔树乐迪幼儿园的家长和孩子共 200 余人参加了这次活动。

2019年春城文化节"21天亲子阅读"活动是由昆明市文化和旅游局、昆明市精神文明建设指导委员会办公室主办、14个县（市）区文化和旅游局、昆明市图书馆承办、14个县（市）区图书馆协办的大型阅读推广活动，活动主题是：扣好人生第一粒扣子——悦享阅游　沁润童心。而今天的活动则是由官渡区图书馆召集来自官渡区各学校、各幼儿园在本次"21天亲子阅读"打卡活动中表现突出的家庭开展阅读分享，对组织和参与情况进行及时总结，并对这些家庭进行集体表彰。

本次阅读分享活动主要分为四部分内容。一是邀请3个在活动中表现特别突出的家庭现场分享21天的阅读感言及实地打卡的感想，与现场家庭进行交流及相互学习。二是为获得阅读明星家庭奖、书香家庭奖及优秀指导老师奖的家庭和老师现场颁奖。三是邀请专业的纸戏剧老师现场演出纸戏剧故事，让孩子们体验多元化的阅读方式。四是邀请所有嘉宾品尝官渡区非遗特产——"官渡粑粑"。

有一句名言："你或许拥有无限财富，一箱箱的珠宝与一柜柜黄金，但你永远不会比我富有，因为我有一位读书给我听的妈妈！"相信每个参与了活动的家庭通过21天的亲子阅读陪伴，都逐渐养成了良好的家庭阅读习惯，必将受益无穷。

官渡区图书馆
2019年11月11日

附录二 2018年"21天亲子阅读"活动第8天领读者——杨敏领读记录

嗨,大家好,我是2018年春城文化节"21天亲子阅读"活动第8天领读者杨敏,先自我介绍一下,我是杨敏,木易杨,敏捷的敏,是云南外国语学校总校长,近年来,我一共出版了11本书,涵盖教育专著、散文、诗歌、长篇小说,其中长篇小说又以儿童文学为主。

- 杨敏 Minnie Yang

杨敏,女,留法博士,上海浦东新区归国留学人员联合会副会长兼教育专业委员会主任,上海交通大学客座教授,云南外国语学校创始人暨总校长。

曾在新加坡、香港、澳门、北京、上海、广州等地开设面向公务员、公司职员、教师、学生的世界公民等主题讲座多场。

2018年春城文化节"21天亲子阅读"活动第8天领读者——杨敏

我今天推荐的图书是由中国少年儿童出版社出版的《睿子的彩色黎明》《睿子的奇迹花园》姐妹篇,以及由四川少年儿童出版社出版的《寻找彩虹桥的蓝孔雀》。推荐理由是这3本书适合孩子、家长、老师,甚至爷爷奶奶的阅读,因为他们适合9岁到99岁的年龄段阅读。小说具有先进的教育理念和国际背景。孩子们在书里可以找到自己生活和学习的踪影,大人们可以从阅读中感受不一样的快乐,重温自己那自由的别有洞天的童年。这3本书上市以来,受到了全国各地和海外的孩子们、家长们、老师们的喜爱，那么现在我就为大家来领读。

首先要和大家领读的是由中国少年儿童出版社出版的《睿子的彩色黎明》里面的片段，《睿子的彩色黎明》一共有 75 个小故事组成，我们现在一起分享第 46 个小故事。

    基利夫人校长和 Miss Chen、Miss Fong 以及 Mr. Henry 等，都是相当厉害的人物，他们可以让孩子们因为喜欢他们而更加喜欢学校，而且，家长们也很支持他们践行的教育理念，一旦有需要，家长和学校就会站在一起。

    全香港第一个家长合唱团要成立了，而且，基利夫人校长亲自担任团长。

    孩子们的家长是自愿参加这个团的，不过，Miss Chen 转达了校长的意愿，只要有一个家长来参加，就要开团，而且，合唱团的经费由校长本人赞助。

    睿子不太明白经费里到底包含了什么意义，只是知道做事情得要有钱来做支持。就像是去西贡海滩的活动吧，就算是自己从家里带了下午茶来，但也要花费钱来做交通费的。

    "基利夫人校长要赞助合唱团，她一定得花不少钱了！"睿子暗自在操着一份心。

    当睿子把印刷在一页 32 开的白纸上的校长亲自写的"致家长的一封信"交给妈妈的时候，断断续续地转述了 Miss Chen 所说的关于校长赞助合唱团的事情。没等她一边想一边表述完，妈妈就说她一定参观合唱团，还说她想唱歌，想了很久了呢！

    睿子用惊异的眼光看看妈妈，眼睛睁得老大，生怕妈妈看不出她的疑惑似的。

    "在周末参加合唱训练，在节假日参加公益演出，还有一流的音乐指导老师，妈妈觉得机会很难得呢！"Helen 的脸上显现出兴奋的神色。

    "那妈妈周末不去实验室了吗？不去孤儿院了吗？睿子略微噘起了

小嘴，那样子，是担心妈妈会反悔。

"妈妈会做好安排的，放心吧！"妈妈轻轻搂住了坐在餐桌旁的睿子的肩膀，眼里依然闪着喜悦的光芒。

"可是，爸爸能不能一起来参加啊？"睿子的声音低低的，好像是怕妈妈不高兴的样子。

好久了，妈妈很少提到爸爸，说爸爸在北京很忙很忙。

"如果你爸爸能来，当然好。"妈妈的眼神暗淡了些，只是简单地说了这么一句不关痛痒的话。

睿子不知道妈妈在心头压了一大堆想说的话，因为妈妈知道，对于小学生的睿子来说，要理解一些大人之间的事情，还得需要时间呢。

大约有30位家长报名了！

琪琪的爸爸妈妈一起参加合唱团，安迪妈妈的姐姐是个花腔女高音歌唱家，也来帮助训练合唱团，美美的舅舅捐出一架钢琴给合唱团用，选歌曲的任务由Miss Fong来承担……

睿子跟在妈妈后面，哼哼着歌剧《猫》里的曲调，这是家长合唱团第一次学习的歌曲。

"妈妈唱英文歌真好听！"睿子学着妈妈的样子，向Helen伸出了大拇指。

"只要想到一件有意义的事情，就努力去做吧，坚持下去，会成功的！"3个月后，合唱团第一次在位于佐敦的童军总部表演，获得了很大的成功，妈妈就在睿子自己给自己上课的小黑板上，写下了以上文字。

后来，Helen觉得，应该是在和睿子交流后再写下一句什么话的。毕竟，在这件事情上，睿子是有功之臣呢！

来到奥克兰短短的几个月时间里，Helen和睿子都感到了一个明显的变化，就是参加体育活动的机会和时间都在增加。

睿子每天在户外运动的时间，都要超过3个小时啦！Helen也是一有机会就换上全身的运动行头，要么去游泳，要么练跑步，要么和春子到大海边去看海，去喂鸽子和海鸥。

现在，母女俩也变得和当地人一样，喜欢亲近大自然。

"香港的楼太高，大家离地面比较远，所以，下班或是放学回到家就懒得再去运动了，加上香港的工作生活节奏快得出奇，好像所有的时间都得用来干些什么……"

没等 Helen 说完话，睿子就抢了妈妈的话："妈妈说的不是真的。其实，香港人也有很喜欢锻炼身体的。"

"说得没错，那我们以后都要变成爱运动的人。"

"这是必须的！"

"在我们爱塔斯小学，运动好的学生学习也特别好，脑筋转得快着呢！"

"这可是睿子的新发现啊！"

"我早就发现了，外婆也说过，磨刀不误砍柴工！"

"你还记得？"

"不仅记得，现在是理解了。"

"对了，贾斯丁和你一起做的电动阿尔法怎么样了？"

"只差一个小小的零件就好了，贾斯丁已经订货了，他利用了好多旧的玩意儿来做，不过，我倒是想为阿尔法订一套新的衣服。"

"把预算做出来给妈妈。"

"好啊！如果米莉小姐爱上电动玩具的话，会花妈妈很多钱的。"

"不用担心，我们也一起做一个预算，只要在合理的范围之内，妈妈就支持你！"

"好耶！"睿子没有想到，妈妈这么开明，一个眈儿都没有打就答应支持自己了。

如果在大人面前没有诚信的话，就算你会变戏法，或是能够巧舌如簧地去哄家长开心，也不见得会得到他们的支持。

其实，睿子最最喜欢妈妈身上坦诚的优点。

他们总是能够赤裸裸地面对彼此，有什么就说什么。但是在遇到双方都要保守自己的秘密时,她们谁都不会有过多的追问。

母女俩都有各自的奇迹花园。

好,现在我们来领读《寻找彩虹桥的蓝孔雀》里的第三章"我要编一部大电影"的片段。

快要下课的时候,老师问我们想不想看这个故事的小电影,她会去找碟片,然后在下次乡村学校轮流放投影的时候放给我们看,就像上次在食堂里放映的小电影一样。听到这里,大家都很激动。

"是美国人把这个故事拍成了大电影。"老师说。

大家哄地一下叫喊起来,异口同声地说:"要看"。

要看大电影。

唯有我没有出声,待大家的声音落下以后,真是奇怪,教室里出奇地安静。一只红黄花纹的亮色大鸟儿,足足有满地跑的一个月的小鸡那么大,停在教室前排的竹窗栏上,一动不动,俨然就是我们班里的一名学生。此刻,估计它也屏住了呼吸。

我勇敢地从座位上站起来,把右手举得老高。

"乔森,你想说什么?"

大家的目光和老师的目光,诧异中含着期待。

先站起来,再举手,有点先斩后奏的味道。这样做,是需要勇气的。

"我也能写出这样的故事。"说完了这十个字,我的胸膛快要支撑不住我活蹦乱跳的小心脏了,奇怪的是我的语气还算正常。后来,我有些后悔,如果当时我说的是"我也能梦出这样的故事",那该多好!

这下子,我在我们班出名了。我不出名都难,就像老师说的,这个巴掌大的学校,一有点什么特别的事情,全校的学生都会在第一时间知道,然后老师们也会知道。

其实,我能在班里有点理直气壮地那么说,并不是偶然的。

我们学校图书室里的书不多，只有一面墙那么高那么大的竹书架上只摆放了一半都不到，一本一本数的话，也不足三百本吧。我却熟悉图书室里的每一本书，就像熟悉自己的每一根手指头一样。

　　这些书，有的已经很破旧了，才被千里迢迢、万里迢迢地捐赠来；还有些是繁体字的书；也有一些英文、德文或是法文版的书。

　　每一本书我都借来看过。我奶奶还帮着我用亚麻布做过几本书的封皮。奶奶又是针又是线地给它们穿上了新衣服。因为书的书页已经从书脊上脱落了，封面又旧又斑驳，手一捏就要碎了，真是一副可怜兮兮的样子。

　　这已经是我目前真真实实见过的，最洋洋大观的书了。

　　对于看不懂的书，我也会瞎猜一气。说实在的，我每天都盼着会有新书来到图书馆，尤其是这几天，如果有一本关于蓝孔雀的书，哪怕只要是写孔雀的书，那该多好啊！

　　我已经想好了，我要编一部大电影，关于蓝孔雀的。

　　如果我的头因此变得和大象的头一样大，我也毫不在乎。

好，谢谢大家，我今天的领读和大家的分享就到这里，谢谢大家的聆听，希望大家能全程阅读我的作品，喜欢我的作品。

　　谢谢！

附录三　2021年"21天亲子阅读"活动调研问卷

尊敬的读者：

您好！非常感谢您和孩子一直以来对"21天亲子阅读"活动的支持，为提高"21天亲子阅读"活动的品质，提供更优质的亲子阅读服务，现诚邀您参与填写本问卷。本次问卷是为了了解您和孩子在亲子阅读中的实际情况，问卷以匿名形式填写，仅用于研究使用，答案无对错之分，请您根据实际情况填写！感谢您的支持！

一、基本情况

1. 您与孩子的关系［单选题］(　　　)

○父亲　　　　　　　　　　○母亲

○爷爷/外公　　　　　　　○奶奶/外婆

○其他_____（请注明）

2. 您的年龄阶段［单选题］(　　　)

○20岁以下　　　　　　　　○20~25岁

○26~30岁　　　　　　　　○31~35岁

○36~40岁　　　　　　　　○40~45岁

○45岁以上

3. 孩子母亲的文化程度［单选题］(　　　)

○小学及以下　　　　　　　○初中

○中专及高中　　　　　　　○大学（包括大专、本科）

○硕士及以上

4. 孩子父亲的文化程度是［单选题］（　　）

○小学及以下　　　　　　　　○初中

○中专及高中　　　　　　　　○大学（包括大专、本科）

○硕士及以上

5. 您生活的地区［填空题］*

_____

6. 您孩子的年龄［单选题］（　　）

○0~3 岁　　　　　　　　　　○4~6 岁

○7~12 岁　　　　　　　　　 ○13~15 岁

○16 岁及以上

7. 您的职业是［单选题］（　　）

○全职妈妈/爸爸　　　　　　　○个体经营

○教师　　　　　　　　　　　○公务员

○企业管理层　　　　　　　　○企/事业单位工作人员

○自由职业者　　　　　　　　○其他_____（请注明）

二、亲子阅读情况

8. 孩子幼儿期间是否接触阅读？［单选题］（　　）

○是　　　　　　　　　　　　○否

9. 您和孩子阅读的频率为［单选题］（　　）

○每周不足 1 次　　　　　　　○每周 1 次

○每周 2~3 次以上　　　　　　○每天 1 次

○每天多次

10. 您家孩子是否喜欢阅读？［单选题］（　　）

○非常喜欢　　　　　　　　　○喜欢

○一般　　　　　　　　　　　○不喜欢

○非常不喜欢

11. 您是否喜欢阅读?［单选题］（　　）

○非常喜欢　　　　　　　　　○喜欢

○一般　　　　　　　　　　　○不喜欢

○非常不喜欢

12. 您认为亲子阅读是否有必要?［单选题］（　　）

○完全没必要　　　　　　　　○必要性不大

○无所谓　　　　　　　　　　○有必要

○非常必要

13. 您对亲子阅读相关知识有所了解吗?［单选题］（　　）

○非常了解　　　　　　　　　○比较了解

○一般　　　　　　　　　　　○不太了解

○完全不了解

14. 孩子更多时间是和谁一起阅读,［单选题］（　　）

○自主阅读　　　　　　　　　○父亲

○母亲　　　　　　　　　　　○父母一起

○祖辈　　　　　　　　　　　○其他人_____（请注明）

15. 您认为影响您和孩子开展亲子阅读的原因有［多选题］

□工作太忙没有时间陪伴孩子

□孩子对阅读活动不感兴趣

□孩子有课外辅导班,没时间参加

□缺乏亲子阅读的相关指导

□自己本身不喜欢阅读

□缺乏相关知识储备,不清楚如何有效地指导孩子阅读

□其他_____（请注明）

三、21 天亲子阅读参与情况

16. 您和孩子是否参加过昆明市图书馆组织的"21 天亲子阅读"活动［单选题］（　　）

○是 　　　　　　　　　　　　○否（请跳至问卷末尾，提交答卷）

17. 您通过什么途径参加"21天亲子阅读"活动？[单选题]（　　）

○昆明市图书馆微信公众号推文　　○朋友圈推文转发

○学校老师推荐　　　　　　　　　○朋友推荐

○自己搜索了解　　　　　　　　　○其他＿＿＿＿＿＿＿＿（请注明）

18. 您和孩子参加过几次"21天亲子阅读"活动？[单选题]（　　）

○1次　　　　　　　　　　　　　○2次

○3次　　　　　　　　　　　　　○4次及以上

19. 您和孩子参加"21天亲子阅读"活动的目的是[多选题]（　　）

□提升孩子阅读兴趣　　　　　　　□培养孩子良好的阅读习惯

□增加亲子互动时光　　　　　　　□提升孩子表达能力

□提升孩子写作水平　　　　　　　□获奖

□其他＿＿＿＿＿＿＿＿＿＿＿＿＿＿＿＿＿＿＿＿＿＿＿＿＿（请注明）

20. 您和孩子是否愿意继续参加"21天亲子阅读"活动[单选题]（　　）

○愿意　　　　　○不愿意　　　　　○不清楚

21. 您是否愿意推荐周围的人参加"21天亲子阅读"活动[单选题]（　　）

○愿意　　　　　○不愿意　　　　　○不清楚

22. 孩子在参加"21天亲子阅读"后培养了良好的阅读习惯[单选题]（　　）

○非常同意　　　　　　　　　　　○基本同意

○一般　　　　　　　　　　　　　○不太同意

○非常不同意

23. "21天亲子阅读"活动进一步拉进了家庭亲子关系[单选题]（　　）

○非常不同意　　　　　　　　　　○不同意

○一般　　　　　　　　　　　　　○基本同意

○非常同意

24. "21天亲子阅读"活动对孩子性格塑造及行为习惯培养有一定意义［单选题］（　　）

○非常不同意　　　　　　　　○不同意

○一般　　　　　　　　　　　○同意

○非常同意

25. 您认为"21天亲子阅读"活动中哪些创新实践比较有意义［多选题］（　　）

□亲子游学打卡　　　　　　　□图书视频推介

□馆长领读　　　　　　　　　□分组指导

□父母课堂　　　　　　　　　□视频感言

□其他_____（请注明）

26. 您认为"21天亲子阅读"活动存在哪些问题［多选题］（　　）

□指导针对性不强　　　　　　□互动性不强

□专业性不强　　　　　　　　□找不到相关资源

□活动周期过长　　　　　　　□形式不够多样

□无　　　　　　　　　　　　□其他_____（请注明）

27. 您对"21天亲子阅读"活动有什么建议［填空题］

_____

_____

_____

附录四　2021年"21天亲子阅读"读者访谈提纲

您好,我们是昆明市图书馆的工作人员,为进一步优化"21天亲子阅读"活动,提升阅读服务水平,接下来将对您进行一个简短的访谈。为保证访谈的有效性,请您务必真实地回答每一个问题!

1. 请问您是从什么途径获取的活动信息?

2. 请问您参加活动的原因是什么?

3. 请问这是您第几次参加昆明市图书馆"21天亲子阅读"活动?是连续参加吗?

(1) 请问是什么原因让您多次参加活动?

(2) 如果您中间中断过,请问原因是什么?

4. 请问您以及家里小朋友参与"21天亲子阅读"活动意愿如何？参加活动对小朋友以及家庭亲子关系有何影响？

5. 您认为"21天亲子阅读"活动主要有什么吸引力？

6. 您认为"21天亲子阅读"活动存在的问题主要是什么？针对这些问题您认为如何改进会更有利于活动的发展？

7. 对今后"21天亲子阅读"活动的开展您有什么好的建议？

附录五 2021年"21天亲子阅读"专家访谈提纲

您好,我们是昆明市图书馆的工作人员,为进一步优化"21天亲子阅读"活动,提升阅读服务水平,接下来将对您进行一个简短的访谈。为保证访谈的有效性,请您务必真实地回答每一个问题!

1. 您认为亲子阅读应该包含哪些要素?这些要素中最重要的是什么?

2. 您认为评价亲子阅读活动成功与否的关键是什么?

3. 您认为公共图书馆推进亲子阅读活动的意义何在?

4. 您认为现有的亲子阅读活动存在什么问题?针对这些问题您认为应该如何改进?

5. 您认为公共图书馆举办亲子阅读活动应该怎样创新?

附录六 阅读互动感言

父母感言一

"21天亲子阅读"总结

短短的21天要结束了，本以为难以坚持下来的亲子阅读却成了我们家每晚的必备节目，偶尔我们累了，想偷个懒，刻意地避开阅读的话题，可子娴却会质问："爸爸，妈妈，今天的21天亲子阅读不完成了吗？"我看着孩子坚定的眼神，我们立刻抖擞精神，迅速投入亲子阅读的状态中，因为，我们做家长的需要给孩子做个榜样，可不能树立一个"半途而废"的反面典型啊！21天下来，我发现了子娴读书的"短板"，体会了亲子阅读的快乐，领悟了习惯养成的重要，更反省了自身存在的不足，有了这个尝试，无论是孩子还是作为家长的我们，都从中收获了很多很多，说句心里话，没有一个孩子不喜欢读书，也没有一个孩子不喜欢听爸爸妈妈读书，就在这每晚短暂的亲子阅读时间里，父子相偎，母女相拥，我们家四口人都会在同一本书里找寻乐趣，享受快乐！书本就像是一座桥梁，架在孩子与爸爸妈妈中间，让爸爸妈妈能够走进孩子的心灵世界，孩子能够通过阅读感受书中的情节曲折，孩子有时候也会静下心来聆听爸爸妈妈的声音而加深亲情，家庭成员间心灵的交流才能达到和谐快乐，对于我们父母来说，阅读不是给孩子的任务，也不是课程，更不是定期的考试，不能苛求孩子们通过读书看书就能学会书中的所有生字，不必去指读，也不必解释，只要让孩子能用心地去读，去看，孩子们一定能够感受得到，也能看得懂，听得懂，而且还会给家长一个突如其来的惊喜，比如一句成语背后的含义，一个恰当的比喻，或者是在某个博物馆里的夸夸其谈……亲子阅读，倾心陪伴，乐走阳光路，相伴永无间。而且每年通过昆明图书馆举办的"21天亲子阅读"活动，使孩子从小培养了爱阅读的好习惯，也将为孩子的一生积累了最宝贵的财富，陪伴阅读，静待花开，感谢昆明图书馆举办的"21天亲子阅读"，让孩子们爱上阅读、主动阅读、与书结缘，更帮助孩子养成一个好的阅读习惯。

父母感言二

亲子阅读感言

"妈妈，开始讲故事啦！"这句话，成了我和儿子一天中最幸福时光的开场白。从他初生懵懂到牙牙学语，从他蹒跚学步到如今步入小学……几年的时光，无数次，我和儿子一起享受着亲子阅读给我们带来的乐趣！"鸟欲高飞先振翅，人求上进先读书。"书籍可以开拓我们的眼界，增长我们的见闻，更能塑造我们的思维方式和行为习惯。可以说一个人的气质、胸襟、品格、智慧、个性等，无不与阅读关联。以书为介，我们将攀得更高。这些虽不是我能直接给予儿子的，然而，我和儿子却可以在亲子共读中一同获取，共同成长！一本好书，一家人读，读的是点滴成长，读的是情深意切。阅读让我和儿子互动的同时也走进了自己的内心，偶尔体味着童真，重温儿时的时光，也是一份别样的美！今天是和儿子参加"2019年春城文化节21天亲子阅读"活动的第一天，给我们每天亲子阅读的这堂必修课，添加了一份使命感！我们将带着这份"使命"，将亲子阅读进行到底！

父母感言三

阅读《我爱五星红旗》

今天早上，亲子阅读活动开始了，瞬间点燃了我和孩子一起阅读的热情，这是一个引导孩子爱上阅读，传递良好的家风家教，共同享受幸福的阅读时光。打开手机便听到由昆明图书馆王悦老师给我们分享的儿童故事绘本《我爱五星红旗》片段，于是我和孩子又在网上寻找到这本故事绘本，一起分享了全书的内容并相互聊了一下自己的感受。我们的整个阅读过程气氛是轻松欢乐的，我们沉浸于饱含家国情怀的书香之中。最后读完了绘本，我和孩子还一起绘画了一面国旗，献礼祖国妈妈。对家庭而言，亲子阅读不仅仅是一种陪伴，也是家风的传承，更是培养孩子们家国情怀的最好方式。我想此次活动，不仅增强了我们亲子之间的感情，还进一步帮助我们家庭体验阅读乐趣、培养阅读习惯，形成多读书、读好书，亲子共读、全民阅读的良好氛围。

父母感言四

绘本《永远永远爱你》读后感

每天晚上都会和孩子读一本他喜欢的书，或者读一个他感兴趣的故事。去年是由我决定晚上读什么，今年他不再听从我的决定，而是自己选择喜欢的书。今晚孩子选择了宫西达也的《永远永远爱你》，去年读这本书时，他两眼茫然，不知所云。今晚再读这本书，我惊讶于他的成长，更惊讶于他飞速进步的理解力。两只不同种族的恐龙，因为相遇而产生超越种族的母子情，食草的慈母龙妈妈养育了食肉的霸王龙宝宝。孩子被慈母龙妈妈对霸王龙宝宝的无私母爱感动了，哭得稀里哗啦。五岁和六岁的区别如此之大，孩子应该是理解了慈母龙妈妈对霸王龙宝宝的无私感情，联想起和我们相处的细节，才会被带入故事情节中，引发了共鸣。阅读不仅丰富了孩子对世界的认知，更教会他辨别真善美。每日一读，我们明天见。

父母感言五

"21天亲子阅读"活动心得体会

对于孩子来说，喜欢听故事是天性，我认为亲子阅读就是爸爸妈妈与孩子一起听美好的故事、欣赏美好的画面、体会故事带来的愉悦心情！亲子阅读对于培养孩子的阅读习惯和良好的亲子关系是很重要的。在我的记忆中，不记得看过的第一本书是什么？叫什么名字？也不知道世界上还有绘本的存在？但我清楚地记得，儿时我很爱书，每周都会到南屏街的新华书店看书，现在也仍然保存着一箱子的连环画和各类童话，书给了我那么多欢乐、感动和力量！从多乐很小的时候，我们就开始亲子阅读，基本都是看绘本。他的第一本绘本是《公共汽车巴克》，每次一读书，他都手舞足蹈，兴奋不已，书中的文字、图画，我们都很喜欢。直到现在，书的页面掉了又粘，粘了又掉，书页上有着厚厚的透明胶纸，但多乐仍然经常翻读它，而且对书中的内容记忆深刻。台湾儿童文学家方素珍曾经说过一句话："绘本就像一帖中药一样，在慢慢地改变孩子的体质"，这句话真有道理！在多乐成长的四年中，他读了上百本绘本，我们也看到了亲子阅读对多乐带来的变化，对他的认字、说话，甚至是人际交往、处理情绪、自主阅读等方面，都有很多好的影响。对于"21天亲子阅读"活动的感受，其实就是一个字："好"！刚知道有这个活动，我们就迫不及待地报了名，很认真地完成每一天的阅读，分享对每本书的体会，感谢活动主办方的辛苦努力！这样的过程让我们和孩子都感受到了快乐！对于亲子阅读，我们会一直坚持下去！

父母感言六

父母一起读

著名思想家孟德斯鸠曾经说过:"喜欢读书,就等于把生活中寂寞的辰光换成巨大享受的时刻!"人非生而知之,只有通过学习才能获取必要的知识,才能适应日益变化的新时代!而学习的最好方法就是阅读、读书。

孩子的父母都在法院工作,平时工作很繁忙,但深知阅读对人的影响之深,在孩子不断成长的岁月中,给孩子创造精神财富的重要性。父母践行亲子教育,共同学习,共同营造了一个有利于孩子和全家共同进步的书香氛围。2015年至2018年,在昆明市文化广播电视体育局、昆明市文明办、市教育局等部门联合主办的"21天亲子阅读"活动中,我家连续4年入选十佳家庭,孩子也被推荐为2018年书香昆明年度读书大使的候选人。

营造良好的书香氛围。除了新闻节目,全家基本不看电视,业务时间都陪着孩子阅读和玩耍。家里藏书颇多,常常出现的情景是各人在各自的读书角静静地读着书,沉浸其中,自娱自乐,孩子的表情丰富,时而欢笑时而严肃,或者一家人坐在一起,孩子听妈妈念一段书,或孩子分享一段书上看到的奇闻趣事,讲个笑话或者脑筋急转弯,再或者父子俩坐在地上一起阅读着某本科普书,研究孩子喜欢的手工怎么做!对某项运动如何制订规则、对所遇困难假定的解决方法等。

而作为父母,爸爸喜欢看新闻,但每年都要制订读书计划并完成,一般是每年阅读50本书并做摘要。妈妈喜欢读书时随时记录下读书心得和感受,与孩子一起分享;孩子喜欢和父母争论,越争论,孩子越喜欢阅读,用从书中了解的知识来说服父母。父母也非常关心孩子的所学所知,跟孩子多讨论、多沟通,与孩子创造共同感兴趣的话题,在良好的书香氛围中,营造良好的学习氛围。

培养良好的阅读习惯。孩子从小活泼好动,精力充沛,为提高孩子的专注力,除了书房的四个书架装满书外,家里的每个房间都配上了小书架和阅读灯,放着父母和孩子喜欢的书，孩子房间里也有三个小书架，放满了他喜欢的书，全家人随时随地都可以拿到书阅读。孩子很小的时候，全家就开始了亲子阅读。从最初的外国优秀绘本，到现在的中外经典童话、优秀的科学期刊、杂志等，每年近90本的阅读量，也曾对孩子设想阅读哪方面的书，甚至考虑某些大师级的精心之作，后来觉得中国的历史文化都读是不现实的，有的应该读，有的全靠孩子兴趣，由孩子自己另辟蹊径，包括外语的阅读，只要读到乐在其中，就是无穷乐趣，只要保持强烈的求知欲，比多读书更有益，也更让孩子能够健康成长，也让全家都在成长，学会相互交流，相互学习，让亲子关系更加亲密，开辟家中乐园。

拓宽阅读的广度。为了让阅读的内容更加生动、广阔，除了阅读各类书籍外，全家还会一起观看和讨论新闻节目，从小培养孩子关心国家、关心社会的责任心。观看纪录片，了解社会知识、中国历史、自然科学、科普科技等知识，作为书籍内容的有益补充，不断拓展孩子的知识面。观看历史人物的传记，通过伟大人物的经历激励孩子。如达·芬奇是一名学识渊博、多才多艺的画家、天文学家、发明家、建筑工程师，还擅长雕塑、音乐、数学、生理、物理、天文、地质等学科，是一位难得的全才，透过达·芬奇的故事，让孩子学会透过历史人物的足迹了解世界的广阔，在历史长河里，人很渺小，但却可以创新丰富的人生。让孩子学习思考，拿到打开多扇门的钥匙，到达更广阔的世界。

加强动脑动手能力。读多少书都是祖先的遗产别人的智慧，可以接受消化，更可以此为基础不断发扬壮大，建立更丰富多彩的知识积累。读书固然可以扩充知识，知识广阔了，读书的能力也加强了，就要动脑动手来解决问题。问题是什么？做一项手工、编一个程序、解一道数学题，父母不可能都帮上忙，孩子干瞪眼，抓耳挠腮，没有办法不行。学识丰富了，见到困难就可以东一个主意，西一个主意，然后搜集材料，准备工具去探索。读了电路的书，可以自己做灯具；读了旅游书，可以自己做导游；读了食品书，可以自己用配料……这也就让孩子明白"开卷有益"的道理，遇到困难也不会手足无措。每天下班后或周末，家中阳台或客厅一定是摆了工具箱，按图索骥进行相应的动手试验。在这个过程中，军事的、经济的、政治的问题都可以涉及，这就是读书的益处。

"寒读之当之以裘,饥读之当之以肉,欢悦读之当之以金石琴瑟,孤寂读之当之以良师益友。"书是家庭生活中必不可少的一部分,不仅增添了许多乐趣,更是全家心灵的港湾。营造书香家庭的良好环境和氛围,让孩子在家里时时感受到阅读的乐趣,也让孩子随着书香健康快乐地成长,在读书的苦功中得到做人的训练!期盼孩子们和家长们能从阅读中打开看世界的窗户,能从阅读中汲到更多的能量,更多的滋养。

父母感言七

金秋诵雅亲子阅读感言

不容易呀,从开始的那几天报名进群,如何签到、打卡、上传感言、生成长图等都要学习。再到后来陪伴儿子每天坚持阅读。开始几天很困难,孩子作业多我们工作忙,每天都要很晚才会阅读。慢慢的,孩子还期待我们和他一起阅读。能和孩子一起学习一起阅读我也很期待,坚持……坚持让阅读成为一种习惯。

父母感言八

金秋诵读第九日

没有和孩子一起阅读过《故宫里的大怪兽》,但听了孙云燕老师的推荐,我兴趣盎然地了解了这套书,《故宫里的大怪兽》是北京满族作家常怡的著作,给小读者带来耳目一新的阅读感受,她笔下的文字,犹如山间小溪般清澈美好,是一部集趣味性和知识性于一身的童话系列故事集,能够感染和温暖读者的心。故事里的小学生李小雨在故宫捡到了一个神奇的宝石耳环,神奇的事情就这样发生了,她竟然能听懂故宫里的神兽和动物们的语言了。于是,李小雨在野猫梨花的带领下，认识了那些在故宫里生活了几百年的怪兽们，并和他们发生了许多惊险又有趣的故事。看了介绍，我更加确定这是一套孩子会特别喜欢的书，现在已经买下此书，迫不及待地想和我的孩子一起阅读了。

父母感言九

"金秋诵雅 21 天亲子阅读"第九天

仔细回味着今天领读者的分享，"亲子阅读，其实不是孩子的事情，而是一个家庭的尊享"。一直坚持亲子阅读的我们，对她的观点深表赞同。

童年是人一生中最美好的阶段，天真烂漫，孩子们纯净的心灵，向往所有美好的东西。作为父母，应该引领孩子去认识和洞察世界的美好，这其中，也包括带他们走进那些打动人心的美好诗篇。

今天我们一起读了泰戈尔的《新月集》，泰戈尔一生都热爱儿童，被公认为孩子们的天使。郑振铎先生曾说过，泰戈尔的散文诗集《新月集》具有安徒生童话般"不可测的魔力"。其中这篇《金色花》，语言朴实，通俗易懂。男孩把自己想象成一朵"金色花"，在和母亲捉迷藏。这是孩子生活中司空见惯的一个场景，随着时间的变化，画面在不停地切换，妈妈在做祷告、妈妈在窗前阅读、妈妈在干活儿。妈妈，其实我都守在你的身旁，开放花瓣儿、释放花香、投射花影，一切都那么自然，又纯粹美好。顽皮可爱，又充满童真稚趣的男孩与温婉可人的母亲之间的那种亲密、和谐被表现得淋漓尽致。诗意的美好就在这字里行间中传递。

孩子对于美好的事物具有惊人的感受力，所以在他们最需要滋养的年纪，就应该徜徉在文辞优美的诗篇里，尽情感受文字的魅力！

儿童感言一

呵护心中的"一粒种子"

读了叶圣陶童话集《稻草人》中的一个故事《一粒种子》，我特别喜欢里面的一句话："一棵活像碧玉雕成的小树就站在田地里了"，我把它摘抄在我的读书笔记上。这是一粒神奇的种子，它的美丽是世界上独一无二的，它先后落到国王、富翁、商人手中，虽然他们都用了最好的土来培养它，但是种子却一直没有发芽，之后种子被扔弃到碧绿的麦田里，年轻的农夫发现了它就把它埋进地里让它自然生长。当读到小种子发芽长大开出美丽的花朵来，我内心都有些小小的激动。这个故事让我明白了种子需要有适合的土壤，万物都有自己的生长规律，如果违背了这些规律无异于拔苗助长，适得其反。妈妈对我说，我的心里也有一粒粒小小的种子——坚持阅读、认真听讲、写字工整以及日常生活中的一些好习惯，它们就像美丽之花的种子，萌发在我心里，如果我用心培养，找到适合它们生长的"土壤"，那它们将会成长为像碧玉雕成的小树一样。我很认同妈妈说的话，一定会努力呵护好这些小小的种子。

儿童感言二

《送人玫瑰，手有余香》读后感

今天我和妈妈一起阅读了《送人玫瑰，手有余香》，这篇文章选自《学会自己长大》。故事讲述了一个名叫苏珊的小姑娘，她是一个孤儿，但是她并不顾影自怜，她在自己的花园里面种满了各种鲜花，让鲜花陪伴自己的生活，苏珊是一个善良的姑娘，她希望自己种的鲜花能给需要它的人们带来快乐，她把花交换给了一个妈妈生病的年轻人,虽然她的晚餐只交换到一瓶牛奶,但是她没有埋怨,而是非常感恩可以喝到美味的牛奶,苏珊还把花送过穷苦的小女孩,让她送给自己日夜操劳的妈妈做生日礼物,就这样苏珊帮助了很多人,她的善良也传遍了整个王国,最后她嫁给了国王,过上了幸福的生活。

这个故事告诉我们,心有多大,世界就有多大,生活中就算遇到不公,也不要埋怨,要始终保持一颗善良、纯洁的心,多为别人着想,生活也会回予你最好的回报。要想获得别人的尊重,就不要自私或斤斤计较。

儿童感言三

最"智慧"的分享
——孩子的坚持,源于老爸的智慧

21天亲子阅读计划第四天。今天多乐说阅读停止一天,换点新鲜内容,可见一个项目要有生命力完全有赖于如何运作。我们想到一本非常有意思的德国科普绘本,风趣而又能普及知识,而且可以为做好吃的做准备。哈克和迪克是一对生活在牙齿大街里的好朋友,生活很舒适,每天都会有好吃的、好喝的送上门。他们每天在牙齿上挖洞建房,梦想着改建整条牙齿大街,想修建出办公室,可出租的豪华公寓,居然还是带楼顶游泳池的……就在他们的梦想快要实现的时候,牙齿警察随着大刷子打扫了牙齿大街,几乎将贮藏的粮食一扫而空。更可怕的事情还在后面,一个巨大的钩子从天而降,迪克和哈克被牙医的大钳子制服。多乐最初不爱刷牙,我一直很头痛,读完这个绘本,多乐竟然主动要求刷牙,还说"牙膏就是牙齿警察,牙刷是警车,牙齿警察开着警车可以打败哈克和迪克。"多乐真是聪明的孩子,在记住故事的同时,也明白了认真刷牙的道理。如果不好好刷牙,哈克和迪克就会神不知鬼不觉地跑到我们的牙齿上挖洞藏食物,最后牙齿损坏严重,只有被牙医拔掉,好疼呀!老爸已经拔掉3颗了。

旅行游记一

旅行游记——伟大的红军

今天妈妈带我去参观了红军长征纪念塔。参观完之后我感觉红军真的很伟大，他们不拿老百姓的东西，在老百姓不在家的情况下，他们吃了人家的粮食还把钱双倍付给了老百姓。为了让老百姓不再受压迫，他们宁愿牺牲自己也要和敌人抗争到底。特别是在《风范亭》看到那些牺牲烈士的介绍的时候，我更加的震惊，因为他们大多都是二十几岁，最小的甚至才有十五岁。十五岁在现在大概就是才初中毕业吧。我们真的要感谢他们，如果没有他们就没有我们现在的美好生活。还有他们长征走了那么多的路，他们的毅力和他们不怕困难坚持到底的精神更是值得我们学习。今天真的收获了很多，向伟大的红军战士致敬！

旅行游记二

愉快的一天

今天是2019年9月8日，是2019年春城文化节"21天亲子阅读"活动的第一天，爸爸、妈妈陪着我去了两个线下实地打卡点，一个是盘龙区图书馆，另一个是朱德故居。

盘龙区图书馆，离我家很近，爸爸开车只用了十分钟，图书馆的一楼被大致分成三个区域：低幼儿童区域、小学生区域、公共区域。这里有很多有趣的图书，虽然我已经是二年级的小学生，但我还是对配图故事书更感兴趣，我用了半个小时的时间看了4本书，分别是《九色鹿》《哪吒闹海》《猪八戒吃西瓜》《米小圈上学记———一箩筐的快乐》。图书馆的叔叔阿姨非常贴心，把阅读环境布置得非常舒适，小朋友们都很认真，没有人嬉笑打闹，安静得只听得见翻书的声音。进到这里似乎只做两件事，一是看书，二是借书，妈妈已经答应我以后经常带我来，还答应为我办一张借书卡。爸爸看见图书馆的墙上有几排大字，他让我记下来，可我只记住了前几句"少年强则国强，少年智则国智，少年富则国富，少年独立则国独立"，我还不是很理解其中的含义，但我想这应该是让我们好好读书，多读书的意思吧。

从图书馆出来后我们又去了朱德故居，爸爸说朱爷爷是一位很伟大的人，他为新中国的建立做出了巨大的贡献，陈列馆里的文字和图片介绍了朱爷爷在昆明时做过的许多事情，很多字我都不认识，还得靠爸爸为我讲解，但爸爸说朱爷爷讲过的一句话一定要记住，就是"勤俭建国家永久是真言"，要学习他艰苦朴素、勤俭节约的精神。

一下午的时间过得很快，但很有意义，收获也很多，我觉得这会是我以后过周末的主要方式，就等着妈妈为我办借书卡了。

旅行游记三

旅行游记——古镇之旅

踏着清晨和煦的阳光，周末带小朋友来到了因历史文化深厚而远近闻名的"官渡古镇"。刚到达目的地，首先映入眼帘的当属蕴含历史文化的大牌坊，再一路往前是有着独特历史气息的古建筑风格的各式民间美食、文创产品、手工艺品……应接不暇，宝贝们非常兴奋，一路走一路看一路学，免不了小吃货们的一路逛吃，转糖人、捏糖人、吹糖人各种糖文化传承技艺高深；各类民族服饰琳琅满目，不加修饰的展现着各民族的风姿；各种手工艺品在匠人的辛勤打造下，栩栩如生、小巧玲珑、晶莹剔透；各年龄阶段的艺人们聚在一起唱唱小曲、交流乐器，谈谈小调，周围人们也听得陶醉乐呵，放纵着自己的慵懒陶醉其中；两大古寺人来人往迎接着前来烧香拜佛的香客们，大家都在为美好的将来祈福叩拜。最醒目的当属广场中央的古水塔，虽有损毁，但重要的历史文化遗存得以保留了下来，那些用螺蛳壳和着黏土舂夯而成的院墙，依然在风雨中兀立，实属难得。

官渡曾是一个誉满滇中的古渡口，是昆明历史文化名城古镇之一，唐宋时已是滇池东岸的一大集镇，元代官渡与昆明同时设县，明清时官渡已成为商业、手工业很发达的乡镇。昔日官渡，商贾云集，高塔辉映，有五山、六寺、七阁、八庙和众多人文景观，至今仍保留着许多文化建筑遗址。

后　记

　　本书是在总结昆明市公共图书馆"21天亲子阅读"活动开展7年来的成功经验以及存在不足的基础之上，经过一系列分析研究撰写而成的。本书著者刘志芳长期致力于公共图书馆阅读推广工作，在全民阅读活动特别是亲子阅读活动方面有一定的实战经验及思考。成书于此，希望昆明市公共图书馆在亲子阅读活动方面的实践经验以及研究成果为我国公共图书馆的同仁，乃至为全国的亲子阅读相关机构提供一定的参考借鉴。

　　本书的总体框架设计和统稿由刘志芳负责，各章节的撰写任务分工如下：

　　第一章　研究背景与研究设计

　　　　第一节　研究意义部分（刘志芳）

　　　　第一节　研究背景部分（段碧丽、刘志芳）

　　　　第二节　研究方法（杨景怿、刘志芳）

　　第二章　国内外公共图书馆亲子阅读活动现状（杨景怿、刘志芳）

　　第三章　公共图书馆亲子阅读活动的昆明模式（王悦、刘志芳）

　　第四章　公共图书馆亲子阅读活动昆明模式的创新维度

　　　　第一节　制度保障（段碧丽、刘志芳）

　　　　第二节至第七节（刘志芳）

　　第五章　公共图书馆亲子阅读活动的展望与设想（刘志芳）

　　结语（刘志芳）

　　参考文献和附录由刘志芳组织完成。

　　本书是依托昆明市公共图书馆"21天亲子阅读"活动实践案例基础上开展研究并撰写而成的。因此，本书的成功出版首先要感谢主管部门昆明市文化和旅游局以及昆明市文明办、昆明市教育局等相关部门领导对该项目给予的关心及大力支持，有了项目的顺利持续开展，才奠定了本研究的基础。其次，感谢几年来为该活动成功举办付出努力、做出贡献的昆明市图书馆以及14个县（市）区公共图书馆的同仁们；感谢在活动实地打卡环节给予大力支持的各兄弟单位；感谢几年来为我们活动担任"领读者"的各位领读嘉宾的倾情领读；同时要感谢几年来与图书馆合作开展活动的各社会合作方对该活动的大力支持；感谢在研究及撰写过程中共同努力的3位昆明市图书馆的年轻馆员，她们都是单位的业务骨干和后起之秀。在此，还要特别感谢我的老师，云南大学图书馆原馆长万永林教授多年来的谆谆教诲并为此书作序；特别感谢云南师范大学图书馆馆长助理、研究馆员、图书馆战略管理方向博士后赵益民教授在成书过程中给予的殷切鼓励以及指点迷津；感谢云南大学出版社的编辑陈曦、石可对本书出版给予的大力帮助，使本书增色不少，在此表示衷心的感谢。

  本书仅为昆明市公共图书馆在亲子阅读活动方面的一个尝试性总结研究，书中的一些观点、结论与设想、建议仍存在不够成熟、完善的地方，还需业界专家、同仁给予指正、赐教。也希望此书作为引玉之砖，带来更多公共图书馆阅读推广方面的优秀著作涌现，为我国亲子阅读乃至全民阅读推广献计献策。